KB211503

불교 명상 입문

현대인을 위한 불교 명상 수행의 이해와 접근

불교 명상 입문

강명희 지음

담앤북스

글을 시작하며

우리나라에는 예로부터 여러 가지 명상 방법들을 받아들여 수행하는 진지한 전통이 있다. 현재 큰 흐름은 중국에서 성립하여 발전해 온 화두를 참구하는 명상법과 인도에서 성립하여 미얀마 등 동남아시아에서 실수하고 있는 위빠사나 명상법일 것이다. 그 밖에도 여러 사찰에서 많이 실수하고 있는 염불 명상법과 만트라 명상법이 있고, 최근에는 훨씬 직접적으로 현대인의 심리치료에 접근하는 MBSR, 자기연민 프로그램 등 다양한 명상법들이 실행되고 있다.

이 책은 명상에 입문하는 사람을 위해 지침서로 집필하였다. 현대적 명상법들이 많이 실행되고 있지만, 그 근원이 되는 불교 명상 수행법의 본질과 전개 과정, 그렇게 전개된 이유, 근본 본성과의 연결을 통한 올바른 이해는 미약한 편이라고 할 수 있다. 이 책은 현대의 명상기법으로 도입할 수 있는 불교 명상법을 유식불교의 마음학 입장에서 전반적으로 다루었다. 특히 인도에서 발생한 위빠사나와 사마타 행법에 의거하여 초기불교에서 유식에 이르는 수행법의 전반적인 체계를 쉽게 밝히고자 하였다. 붓다 당대에 실행되었던 명상법과 유식불교에서 완성된 마음 명상법에 의거하여, 몸과 마음은 하나의 유기적인 체계에 있다는 입장을 견지하면서 글을 서술하였다.

그러면서도 현장에서 실수한 명상 지도와 경험을 바탕으로 해 실제 명상하는 사람에게 참고가 되게 했다. 명상 수행의 전반적 이해와 명상 수행 시 나타날 수 있는 현상을 반영하고자 한 것이다. 또한 당장의 치유와 도움, 편안함을 얻는 데도 도움이 되지만 명상의 궁극적인 목적은 마음의 본래면목을 아는 것이며 마음이 열려야 진정한 자유에 도달하는 것임을 공유하려 노력하였다. 독자는 현대인을 위한 명상 실수법을 익히면서도 왜 항상 깨달음의 본성에 의거해야 하는지를 알게 될 것이다.

이 글은 원래 부산 삼광사 월간지 〈삼광〉에 연재되던 글이다. 다달이 회보에서 불교 명상을 소개하던 글이 한 권 분량이 되었다. 『마음을 다스리는 12가지 명상』을 출간하면서 시작된 담앤북스 오세룡 사장님과의 인연으로 새 옷을 입게 되었다. 명상법의 체계를 다시 잡고 단행본 독자를 만날 내용을 보태긴 했으나 부족한 점이 많다. 이 책이 명상을 통해 좀 더 자유로운 삶을 모색하는 당신을 건드리는 바람이기를 바란다. 당신이라는 씨앗을 틔워 우주에 닿도록 자라게 할 바람이길. 코로나19로 고생하는 이 시대와 함께 하는 명상 입문서이길 희망하며 이 책을 내놓는다.

2021년 2월

백화도량에서 강명희

서문

1장은 불교 명상의 핵심적인 두 문에 해당하는 사마타와 위빠사나의 행법과 신·수·심·법으로 이어지는 4념처의 명상 단계를 다루었다. 이를 통하여 선정과 지혜로 나아가는 명상의 두 길을 제시한다. 2장은 현대의 명상법으로도 많이 채용되고 불교 명상의 입문이라고 칭해지는 수식관과 부정관을 중심으로 하여 다섯 가지 명상법을 소개하였다. 부정관은 몸관찰 위빠사나의 핵심 명상법이며 붓다 최초기에 행했던 수행법이다. 부정관은 몸의 기관과 장기를 관찰하는 불교의 핵심 명상법이기에 몸관찰 위빠사나의 전초로 다루었다. 무엇보다도 전통적 방법과 현대적 방법을 접목하여 소개하였다. 수식관은 호흡을 통하여 본성을 찾는 방법이지만 초기불교와 아비달마불교, 유식불교에서 그 행법들을 달리하기 때문에 이를 근거로 호흡 명상법을 다양하게 제시하였다. 자비관은 사랑과 연민을 자타(自他)에게 베풀어서 자신의 마음을 확장하는 명상법임을 밝혔으며, 연기관은 자(自)와 타(他)의 연기적 관점에서 도리를 알아가는 『유가사지론』 수행법에 기반하여 서술하였다. 계차별관은 불교의 명상법 중 자연과 연계하는 유일한 명상법이지만 중국에서는

5정심관 수행법 중 이를 빼고 염불관으로 대치할 정도로 인정받지 못한 불교 명상법이다. 본 저술은 현대인의 심리에는 자연과 합일하는 계차별관에 내포되어 있는 자연과 환경이 마음 안정에 무엇보다도 중요함을 인식하고 명상법으로 체계화하였다. 이와 같은 다섯 가지 명상법은 불교사에서 5정심관이라고 하였기 때문에 2장 첫머리에서 5정심관의 전반적 내용을 서술하였다.

3장은 부정관 수행법에 의해서 촉발된 몸관찰 위빠사나의 행법을 구체적으로 하나씩 체계화하였다. 현대인은 지나친 경쟁과 스트레스로 마음이 지쳐가고 이러한 마음은 몸에 그대로 투영되어 몸관찰 위빠사나의 명상법이 질병과 관련하여 중요하게 요구된다. 그래서 감각기관을 대표하는 5관(五官) 즉 눈, 귀, 코, 입, 몸 전반을 관찰하는 명상법을 1절에서 다루었으며 명상의 현상도 함께 기술하였다. 2절에서는 5관에 상호 영향을 주는 다섯 가지 장기인 5장(五臟)을 관찰하는 명상법을 소개하고 그 행법을 제시하였으며 명상 시 나타나는 현상도 함께 다루었다. 초기 부정관법은 후대로 이르면서 골쇄관과 백골관 등으로 세부화 되는데, 이를 관절관찰 위빠사나 명상법과 뼈관찰 위빠사나 명상법으로 명명하면서 관절과 뼈를 관찰하는 방법을 3절과 4절에서 제시하였다.

4장은 마음에 의해서 몸이 만들어지는 이치를 바탕으로 마음 명상법들을 밝히고자 하였다. 유식불교에서는 마음을 여덟 가지로 정형화하였는데, 이를 8식(八識)이라고 한다. 그중 앞의 다섯 가지는 눈, 귀, 코, 입, 몸의 감각기관과 관계되는 마음이며 이를 전5식(前五識)이라고 하며, 다섯 가지 감각기관을 통폐합하여 인식하는 마음을 제6식(第六識)이라고 한다. 또한 전생부터 언어적 분별과 자신의 대한 집착에 몸과 입과 생각이 짓는 업이 세력화되면 몸을 받는 마음이 형성되는데 이를 유식불교에서는 아뢰야식(阿賴耶識), 즉 마음이라고 부른다. 4장은 유식의 마음이론에 의거하여 제6식 관찰 위빠사나 명상의 행법을 기술하였으며, 아뢰야식의 마음에 붙어서 외부경계를 보지 않고 자신의 존재감에 빠져 있는 제7식의 말나식(末那識)의 작용과 의도를 관찰하는 명상의 방법으로 제시하였으며, 다음 절에서 마음의 본질이자 윤회의 주체로서의 아뢰야식을 관찰하는 명상의 방법를 제시하였다.

5장은 위와 같이 불교 이론체계와 명상법에 의거하여 현대인이 일상생활에서 쉽게 접근할 수 있는 명상법을 제시하였다. 1절의 소리 명상은 소리를 듣고 일어나는 마음을 관찰하는 명상의 방법을 제시하였고 다양한 소리를 이용하고 접근할 수 있는 생활 속 명상법을 소개하였다. 2절에서는 한국 사찰에서 가장 많은 실행되고 있는 명상법의 하나인 염불 명상법을 소개하였다. 염불 명상법과 그 행법이 거의 유사한 진언을 중심으로 하는 만트라 명상법을 3절에서 소개하였으며, 소리 명상의 일종인 음악 명상은 4절에서 소개하였다. 염불 명상법과 만트라 명상법은 전통수행을 바탕으로 한 측면이 강하기 때문에 다양한 음악과 악기와 소리를 이용한 현대적 명상의 방법으로 음악 명상을 제시하였다. 5절의 자연 명상은 마음이 외계의 자연환경과 교감한다는 유식설에 바탕을 두고 만들어진 명상법이다. 우리의 몸은 음식, 물, 공기를 먹고 그 생명을 유지하지만 세세생생 윤회의 기록을 간직한 마음은 그 규모가 크고 넓어서 전체 모습은 다 알 수 없지만 언제나 자연과 환경이라고 하는 외부 세계에 지대한 영향을 받기 때문이다. 자연 명상은 5장의 5절에 포함되어 있지만 마음의 본성의 근원인 진여를 알고 마음이 무한대임을 각성하는데 더할 나위 없이 좋은 명상 수행이다.

5장 6절의 생각관찰 명상법은 마음에서 일어나는 무수한 생각을 관찰하는 것이다. 우리는 자신의 몸을 느낄 때는 몸속 느낌과 감정을 통해서 알 수 있지만 매일 무수히 하는 생각과 그 생각의 근원자리는 알지 못한다. '나'라고 늘 여기면서 살지만 자신이 무슨 생각을 하고 무슨 가치관을 지향하면서 사는지 모른다. 스스로 자신을 안다고 하지만 실제는 모르고 산다. 자신의 주관적 생각과 번뇌를 알아차림하고 내려놓는 것은 불교 명상의 핵심 목표이기도 하다. 이것을 통하여 해탈과 열반의 세계로 나아갈 수 있기 때문이다. 저자는 생각과 번뇌에 물들지 않는 본성을 알기 위해서는 생각관찰 명상이 무엇보다도 중요하다고 판단하여 이를 명상 프로그램으로 구체화시켜 진행하고 있다. 그래서 6절에서는 생각을 관찰하는 여러 가지 명상법을 소개한다. 5장의 7절은 본 저술의 핵심 내용이기도 한, 마음의 본질을 관찰하는 명상의 방법을 기술하였다. 1장에서 5장까지의 명상법을 하나하나 따라 하다 보면 마음이라는 거울은 그 때를 벗고 차츰 마음 거울의 본 모습을 드러낸다. 때를 벗은 거울과 같은 마음은 우리 마음 그대로이며 이미 갖춰진 본래면목이며 오염되지 않은 본질의 마음이다. 그 마음은 어떤 형태도 띠지 않고 자기 존재감도 전혀 드러내지 않고 묵묵히 있음을 글자 아닌 글자로 간단히 기술하였다. 이것이 찾기 위해서 수많은 명상법이 존재했던 것이다.

차례

글을 시작하며 5

서문 7

1장 불교의 명상 수행

불교의 명상 수행이란 18

명상 수행의 문(門)이란 27

명상 수행의 두 바퀴 36

수행의 두 바퀴 중 사마타 | 마음에 집중하는 사마타의 아홉 가지 단계 | 수행의 두 바퀴 중 위빠사나 | 대표적인 위빠사나 수행법 : 4념처관

2장 다섯 가지 입문 명상

부정관 77

부정관 수행의 이유 | 부정관 수행법

자비관 91

자비관의 유래 | 자비관 수행법

연기관 106

계차별관 115

수식관 123

붓다 시대의 수식관 | 아비달마의 수식관 | 유식(唯識)의 수식관

3장 몸관찰 위빠사나 명상

5관관찰 위빠사나 명상 159

눈관찰 위빠사나 | 귀관찰 위빠사나 | 코관찰 위빠사나 | 혀관찰 위빠사나 |
5관관찰 위빠사나 실수법과 현상

5장관찰 위빠사나 명상 173

5장관찰 위빠사나 실수법과 현상

뼈관찰 위빠사나 명상 182

뼈관찰 위빠사나 실수법과 현상

관절관찰 위빠사나 명상 186

관절관찰 위빠사나 실수법과 현상

4장 마음관찰 위빠사나 명상

제6의식관찰 위빠사나 명상 ········· 194

의도관찰 위빠사나 명상 ········· 197

아뢰야식관찰 위빠사나 명상 ········· 199

자연관찰 위빠사나 명상 ········· 202

5장 일상에서 쉽게 접근하는 명상법

소리 명상 ········· 206

염불 명상 ········· 214

만트라 명상 ········· 221

음악 명상 ········· 228

자연 명상 ········· 235

생각관찰 명상 ········· 242

본연의 물들지 않는 마음 ········· 249

1장

불교의 명상수행

불교의 명상 수행이란

불교에서 말하는 명상 수행의 의미는 매우 무한하며 그 범위도 한마디로 정의하기 어려울 정도로 매우 넓다. 우리나라에서는 불교 명상 수행이라고 하면 일반적으로 참선을 떠올린다. 그러나 엄밀히 말하자면, 참선은 선정을 닦는 것을 의미하며, 일심(一心)으로 마음속으로 들어가는 과정, 즉 사마타(samatha, 止)를 의미한다. 참선은 마음으로 들어가는 과정을 의미할 뿐, 마음을 아는 것을 의미하지는 않는다. 그럼에도 우리는 참선을 통해 마음의 근원에 도달할 수 있다.

그렇다면, 불교의 명상 수행은 무엇일까?

명상 수행이란 마음속으로 들어가는 참선과 같은 사마타의 전 과정을 의미하기도 하지만, 보다 근원적으로는 우리들의 본연의 마음을 찾아가는 것을 의미한다. 사마타를 통해 마음속으로 들어가다 보면 이미 만들어진 마음속 수많은 모습과 여러 가지 경계를 만나게 되는데, 이를 알아가면서 하나씩 비워내어 마음 본연의 모습을 찾아가는 것을 의미한다. 의식이 집중의 염(念)을 통해 몸과 마음을 향해 사마타하다 보면, 집중된 의식이 마음의 한곳에 송곳처럼 꽂히게 된다. 이렇게 일정한 마음에 닿게 되면 마음에서는 여러 가지 현상이 나타나게 된다. 이런 현상들을 내려놓고 비워내면서 다시 집중을 통해 근원적인 마음을 알아가는 것을 총칭하여 위빠사나(vipassanā, 觀)라고 한다. 사마타와 위빠사나를 한문으로 옮겨 지관(止觀)이라 하기도 하고, 정혜(定慧)라 하기도 한다. 지관쌍수(止觀雙修)와 정혜쌍수(定慧雙修)는 곧 사마타와 위빠사나를 함께 닦는 것을 의미한다.

간단히 정리하자면, 마음을 향해 나아가는 사마타와 마음의 군상(群像)들을 보고 듣고 느끼며 알아가는 위빠사나의 전 과정을 통해 우리 마음의 근원에 도달하게 되는 것을 불교의 명상 수행이라고 한다. 이 과정에서 나타나는 여러 가지 현상들을 불교에서는 다양한 용어로 풀어내고 있다.

첫째, 한곳에 의식을 집중하는 사마타의 선정을 통해 마음속 근원으로 들어가 마음의 실체 없음 또는 나[我] 없음, 즉 '공(空)'과 '무아(無我)'를 체득하는 것을 수행이라 할 수 있다. 나아가 '무아'와 '공성'이 새로운 대상인 '너' 또는 '객관'에 의해 다시 채워지더라도, 이에 집착하여 잡지 않고 놓아버리는 지혜의 실현도 명상 수행이라고 할 수 있다. 예를 들어 '나'라는 존재는 수많은 '너', 즉 '부모' '이웃' '먹거리' '사랑' '지식' '환경' 등 여러 외부적인 조건에 의해 만들어지고, '너' 또한 '나'의 영향을 받는 존재임을 아는 것이며, 진정한 '나'의 모습은 수많은 '너'에게 영향을 주고 있음을 아는 것이다. 나와 너의 상호관계성을 '연기(緣起)'라고 하는데, 이러한 연기적 관계를 아는 것이 우리 마음의 지혜의 빛이다. 이 지혜의 빛은 모든 것이 연기적 존재임을 늘 비추고 있어서 마음의 최고 경지라고 하며, 명상 수행으로 얻는 목표이기도 하다.

'나'와 '너'는 공존하고 있기 때문에 '나[我]라고 하는 것의 실체 없음'을 인무아(人無我)라고 하며, '너라고 하는 것의 고정된 실체'도 수많은 '나'에 의해 영향 받는 것이기 때문에 '너' 또한 연기적 관계로 있을 뿐 고정된 실체가 없음을 법무아(法無我)라고 한다.

또한 나의 존재를 알아서 과거 전생의 헛된 나에 대한 집착, 즉 아집과 대상에 대한 언어적 훈습인 법집(法執)은 지혜의 빛으로 사라지게 할 수 있다. 이미 마음에 저장되어 있는 아집, 법집, 이를 키우는 선악의 업들을 지워나가는 것을 나를 비우는 아공(我空)이라고 하며, 대상의 명칭과 이미지를 비워나가는 것을 법공(法空)이라고 한다.

예를 들어, 손바닥이 맞부딪치는 소리는 소리만 있을 뿐, 그 소리를 내는 한쪽 손이 없음을 인무아라고 하며, 다른 쪽 손도 소리의 조건일 뿐 소리를 내는 주체가 아님을 법무아라고 한다. 이것은 소리가 있다는 것만을 인정하는 셈이다. 양 손바닥에 의해서 소리가 나는 것은 어떤 한쪽의 일방적인 조건에 의해 만들어지는 것이 아니라고 보는 것이 붓다의 연기법이다. 소리의 일어남은 어떤 한쪽의 고정된 실체는 없다는 것이고, 이를 알아가는 과정이 불교의 명상 수행인 것이다. 한쪽 손바닥이 상징하는 '나'와 다른 쪽 손바닥이 상징하는 '너' 중 어느 한쪽이 우세하면, 소리라는 현상은 잠시 일어났다가 사라짐을 인지하지 못하고, 한쪽 손바닥의 탓으로 전가하기 마련이다. 한쪽 손바닥을 상징하는 '나' 또는 '너'의 마음을 향해 집중하는 것을 사마타의 선정이라고 하며, 사마타가 이루어지는 쪽의 마음의 현상을 바라보고 관찰하는 것을 위빠사나라고 한다.

사마타와 위빠사나 명상 수행을 하게 되면, 아집과 법집에서 벗어나서 '나'와 '너'의 실체 없음인 인무아와 법무아를 알게 된다. 즉, 소리의 현상인 나의 한쪽 손바닥과 너의 다른 쪽 손바닥이 맞부딪치는 것, 다시 말해 서로 관계되어 있는 연기적 관계임을 알게 된다. 순간순간의 나의 존재와 생각은 객관세계인 너에 의해 새롭게 형성되고, 수없이 존재하는 '너'라는 객관세계도 '나'에게 영향 받는 연기적 관계임을 아는 것이다. 나의 존재는 수많은 너에 의해 만들어지는 것이기에, 한 점에 불과한 나라고 할지라도 우주만유(宇宙萬有)의 모습을 담고 있는 것이며, 우주만유의 모습도 나 없음[無我]의 거울을 매개로 비치는 세계에 불과한 것이다. 이를 통찰하는 것이 마음의 근원의 빛인 지혜이며, 이 빛이 마음에 나타나게 되면 '나'와 '너'를 동시에 비추게 된다.

명상 수행은 이러한 지혜의 빛을 통해 모든 것의 연기적 관계를 아는 것을 의미한다. 모든 것의 연생(緣生)을 아는 지혜의 빛은 언제나 우리 마음속에 있지만 우리는 이 빛을 전혀 모르고 살아간다. 지혜의 빛은 늘 한결같이 비추고 있지만 범부중생의 삶은 어둠에 싸여있다. 과거에 지어놓은 업장의 어두움에 가로막히고 가려져, 마음의 빛이 그 기능을 다하지 못하고 있기 때문이다. 그래서 이를 알기 위해 붓다는 태자의 자리를 버리고 세상 밖으로 나왔던 것이고, 이 연기법을 아는 지혜를 실천하기 위해 범부중생의 마음 상태에 따라 다양한 수행법을 시설하게 된 것이며, 붓다의 제자들과 수많은 성자들은 마음의 근원의 빛을 모든 이들에게 알리고자 노력했던 것이다.

누구나 간직하고 있는 지혜의 빛을 알리기 위해 불교의 8만 4천 법문이 우리들 마음의 문을 두드리고 있다. 붓다께서는 모든 것의 연기적 관계를 알리는 지혜의 빛을 모든 중생들에게 알리기 위해 주관과 객관이 분명하게 드러난 이 현상계를 철저하게 부정한 것이다.

모든 현상계는 연기적 관계일 뿐, 주관과 객관의 이중성은 원래 없음을 강조하기 위함이다. 주관과 객관은 분별에 의해서 만들어질 뿐 원래 일심이었던 것이다. '나'가 강하면 '너'를 보지 못하고, '너'가 강하면 '나'가 숨어야 하는 인생의 다양한 시소게임에서 둘 간의 연기적 관계를 알리기 위해 불교의 수행법은 중생의 근기에 맞게 다양하게 시설되었다.

무엇보다도 '나'에 대한 집중의 사마타를 통하여 '나'의 마음의 본질을 알아 가는 위빠사나가 불교 명상 수행의 첫 단추이다. '나'라는 존재를 잘못 알아 온 지난날의 업장이 깨어져야만 마음의 빈 공간이 드러난다. 빈 공간이 있어야 빛이 비칠 자리가 생기는 것이고, 빛이 비춰져야 모든 것의 연기적 관계를 알 수 있기 때문이다. 예를 들어 창고에 여러 가지 물건이 가득 차 있을 때 그 물건들을 비워야 빈 공간이 생기고, 그 공간에 빛이 들어와야 다시 새로운 물건을 넣을 수도 있고 버릴 수도 있는 이치와 같다. 그래서 불교 명상의 첫 출발은 그간 '나'로 알고 살아 온 전 과정을 조망하는 것이다. 다시 말해서, 위빠사나하는 것이다. 마음이라는 창고 속에 쌓인 과거 업장의 물건들과 그 명칭들과 그것에 대한 집착을 살펴보는 것이다. 이것들을 살피고 조망하는 것이 위빠사나이며, 마음의 창고 속으로 들어가는 것이 바로 사마타인 것이다.

명상 수행의 두 번째 단추는 마음의 창고 속에 쌓아놓은 지난날의 잘못된 물건들을 비워내고 쓸어내서 깨끗하게 하는 것이다. 과거의 기억이라는 물건들과 그 명칭과 집착을 탈탈 털어내어 마음에 빈 공간을 찾는 것, 즉 공성(空性)을 되찾는 것이다.

명상 수행의 세 번째 단추는 깨끗하게 청소된 마음의 빈 공간에 빛이 들어오게 하는 것이다. 빛은 '너'에 대한 새로운 인식이며, 나의 깨끗한 공간에, 즉 나의 공성(空性)에 '너'가 무조건적으로 들어오게 하는 것이다. 창고 속에 빛이 들어와야만 나와 너와 무한 관계를 인식할 수 있으며, 이것이 불교의 불이(不二)의 이치이다. 마음의 빈 공간을 다시 복원하는 것이 불교 명상 수행이며, 빈 공간을 찾아서 그 속에 만유를 비추는 햇빛과 같은 지혜의 빛을 비추어 객관의 너를 있는 그대로 수용하는 것이 불교 명상 수행이다. 이 지혜의 빛이야말로 우리가 어두울 때나 밝을 때나, 괴로울 때나 즐거울 때나, 죽을 때나 살아있을 때나, 언제나 연기적 존재로서의 나를 알려 주고, 나의 것이 너의 것임을 알려 준다. 저절로 알려 주며 말없이 알려 준다. 모든 빛이 대상을 차별하지 않고 비추듯, 선악(善惡)과 고락(苦樂), 생사(生死)를 뛰어넘어 알려 준다. 지혜의 빛이 연기의 법칙을 알려 주며, 우리를 무한한 관계 속으로 이끌어 준다.

명상 수행의 네 번째 단추는 나와 너의 연기적 관계를 알려 주는 지혜의 빛을 계속적으로 실행함으로써 '나'를 수많은 '너' 속에서 실현하며 소통하는 것이다. 수행은 '나'를 비워서 '나 없음[我空]'을 알고, 안 만큼 너와의 관계를 집착 없이 실현하는 것[法空]을 의미한다. 명상 수행은 모든 것의 연기적 관계를 넓혀 가는 것이기에, 지금 이 순간의 관계를 소통의 관계로 바로 실현하는 것이며, 새롭고 넓은 관계를 알더라도 그 관계를 고정적으로 묶어놓지 않고 그 실상에 집착하지 않는 것이다. 즉, 명상 수행은 서로 연결되어 있는 연기적 관계임을 아는 것도 의미하지만, 연기적 관계를 현실에서 실천하는 것도 의미한다.

앎에서 실천으로 이어지는 그 중간 과정으로, 반드시 위의 네 가지를 체득하기 위한 정진의 노력이 필요하다. 참선과 같이, 마음속으로 한결같이 들어가려는 좌선도 중요하지만, 마음의 근원으로 들어가는 방법을 부지런히 실천하는 것이 무엇보다도 중요하다. 불교는 이를 바라밀이라고 이름한다. 대승불교에 이르면 좌선보다는 바라밀의 실천이 무엇보다도 중요하다고 보아, 보시를 행하는 것도 명상 수행이며, 계율을 현실에서 지키는 것도 명상 수행이라고 보았으며, 대상에 대하여 인내하고 대상 그대로의 모습을 받아들이는 것도 명상 수행이라고 하였다. 또한, 6바라밀을 항상 부지런히 실천하는 것을 정진 명상 수행이라고 하였으며, 나의 마음과 너의 마음속 깊이깊이 들어가는 것을 선정 명상 수행이라고 하였으며, 나와 너의 마음은 하나임을 아는 것을 반야 명상 수행이라고 하였다.

예를 들어 염불 수행을 할 경우, 염불을 계속하는 것을 사마타라고 할 수 있고, 염불 사마타를 통해 마음에 닿아 마음이 드러난 것을 보는 것을 염불 위빠사나라고 할 수 있다. 염불 수행을 하면서 행·주·좌·와·어·묵·동·정에 늘 염불을 놓지 않으면 염불 정진 수행이라고 할 수 있다. 염불 정진은 앉아서만 하는 것이 아니기 때문에 생활 속에서도 늘 실천해야 염불로써 지관쌍수할 수 있다. 계속되는 염불의 읊조림 속에 사마타의 선정이 있는 것이며, 염불 소리가 계속 마음을 건드려 이미 지어놓은 업장의 모습을 보게 되면 염불 위빠사나인 것이다. 결국 염불 정진 속에서 마음의 근원을 찾게 되며 근원의 빛도 보게 된다. 염불이 늘 마음자리였으며, 늘 비추는 빛이 부처님의 마음이었던 것이다.

명상 수행의 문(門)이란

명상 수행의 문(門)이란 몸과 마음을 닦아서 진리에 도달하게 하는 문을 의미한다. 명상 수행은 마음을 닦기 위하여 마음 안으로 들어가서 마음의 다양한 모습을 보고, 마음을 닦아서 깨끗한 거울처럼 만들어 그 어떤 대상이라도 마음 거울에 투영되게 만드는 것이다. 자신의 마음속 깨끗한 거울을 되찾기 위해서는 세세생생 자신이 쌓아놓은 마음속으로 들어가야 하는데, 마음으로 들어가는 문은 하나가 아니다. 마음은 눈으로 보고, 귀로 듣고, 냄새 맡고, 음식을 맛보고, 몸으로 동작하고, 의식으로 생각하면서 여러 가지 형태로 쌓아놓았기 때문에 마음의 먼지를 떨어내고 깨끗하게 하는 방법과 마음으로 들어가는 문도 한 가지가 아니다.

예를 들어 눈이 쌓여 있으면 눈을 치우기 위해 빗자루로 치우기도 하지만 부삽으로 떠서 치우기도 하고 바람으로 날려 보내기도 하고, 위에서부터 치우기도 하고 아래를 펴서 치우기도 하는 것과 같다. 현재 삶을 받은 이 몸은 이번 생만을 담보하지만, 이 몸속에 담긴 마음은 세세생생 생사를 반복하며 살았고 지금 이 삶 이후의 수많은 모든 삶을 담고 있기 때문에 마음으로 들어가는 문도 하나만 있을 수 없다. 그래서 명상 수행으로 들어가는 문은 셀 수 없이 많은 것이며, 불교사 전반을 통해 보더라도 수없이 많은 명상 수행의 문, 즉 수행법이 설해지고 있다.

마음속 내면으로 쉽게 들어갈 수 있는 명상 수행의 문은 인도 전통의 수행과 중국 전통의 수행 그리고 티베트 전통의 수행으로 나눌 수 있다. 인도 전통의 수행은 5정심관(五停心觀) 등의 위빠사나(vipassanā, 觀) 명상 수행과 사마타(samatha, 止) 명상 수행을 중심으로 전개되었고, 중국 전통의 수행은 묵조선, 간화선, 염불선 등의 참선 수행을 중심으로 전개되었으며, 티베트 전통의 수행은 만트라(mantra)와 만다라(maṇḍala), 무드라(mudra) 등 행위 중심의 명상 수행으로 전개되었다.

인도 전통의 위빠사나와 사마타의 명상 수행법은 대표적으로 부정관(不浄觀), 자비관(慈悲觀), 연기관(縁起觀), 계차별관(界差別觀),

수식관(數息觀) 등으로 발전하였으며, 부처님 당시에는 주로 부정관과 수식관 중심의 명상 수행이 이루어졌다.

부정관은 자신의 몸을 관찰하여 그 속에서 고(苦), 무상(無常), 무아(無我)를 체득해 나가는 수행법이다. 이 부정의 수행문은 몸을 사마타하여, 즉 관통하여 위빠사나하는 것이라고 할 수 있다. 자비관은 몸을 관통하여 거친 번뇌와 업을 제거하여 마음을 연 상태에서 대상에게 무한한 사랑과 연민을 보내는 수행법이다. 자비의 수행문은 마음의 감성을 여는 통과의 문이라고 할 수 있다. 또한 마음의 사랑과 연민의 감성을 키우는 명상 수행법이며 좁혀진 마음을 넓게 키우는 명상법이라고도 할 수 있다. 자(慈)는 모든 생명들에게 사랑을 주려는 마음을 확장시키고, 비(悲)는 모든 생명들에게 고통을 제거하려는 마음을 무한대로 확장시키기 때문이다.

연기관은 부정관으로 몸의 거친 업장을 관통하고 자비관을 통하여 무한한 대상과 함께 할 수 있는 감성적 체계를 확보하고 난 뒤, 너와 나의 관계, 다시 말해 주관과 객관의 관계가 연기적인 관계임을 체득해 나가는 수행법이다. 이는 현재, 지금 이 순간을 알아가는 위빠사나라고 할 수 있어서 현관(現觀)의 지혜를 체득해 나가는 명상 수행의 문으로 알려져 있다. 다시 말해 이치를 깨쳐나가는 문이라고 할 수 있다. 계차별관은 몸과 마음의 결합관계를 지성(地性)·수성(水性)·화성(火性)·풍성(風性)·공성(空性)으로 알아가는 명상 수행 방법이다. 이는 몸과 마음의 내외 관계를 자연의 지·수·화·풍·공으로 결합시키는 수행의 문이라고 할 수 있다. 초기불교에 의하면 계차별관은 몸의 장기와 부속물을 관찰하고 나서 몸의 요소를 관찰하는 부정관 명상 수행법의 일환이었다. 그러나 점차 부정관에서 독립되어 하나의 명상 수행법으로 자리잡았으며, 거친 업이 떨어진 몸 상태에서 느낌으로 집지되어 있는 지·수·화·풍·공·식을 위빠사나 하는 것이다.

수식관은 바람의 기운이라고 할 수 있는 호흡을 통하여 마음으로 들어가는 수행법이다. 수식관은 호흡관이라고도 하며, 숨을 관찰하면서 하는 행법이므로 입출식관(入出息觀) 혹은 빨리어 ānāpāna-sati를 그대로 음사하여 아나빠나념(ānāpāna-sati)이라고도 한다. 초기불교는 수식관을 신·수·심·법의 4념처관에 의거하여 열여섯 가지 명상 행법을 소개하지만 유식불교는 호흡의 특징을 더욱 세분화하여 입식(入息)과 입식 중간, 출식(出息)과 출식 중간을 알아차리면서 호흡에 집중해야 함을 기술하며, 입출식의 부작용과 함께 여러 가지 수식관의 행법을 소개한다.

인도 전통의 이 다섯 가지 수행법은 사마타를 통하여 위빠사나를 하는 수행법으로, 마음을 고요하게 하는 기능이 강하다고 하여 5정심관(五停心觀)이라고 한다. 모두 몸을 통과하며 몸을 사마타하여 마음으로 들어가는 대표적인 위빠사나의 문이라고 할 수 있다.

중국 전통의 수행에는 묵조선(默照禪), 간화선(看話禪), 염불선(念佛禪)이 있다. 이들은 모두 몸을 사마타하여 들어가는 인도 전통의 명상 수행문과는 달리, 마음을 관조하는 위빠사나적인 성향이 강하다. 묵조선은 면벽하여 마음이 일어나는 모든 과정을 묵묵히 바라보는 위빠사나 성격을 지닌 사마타이다. 간화선은 화두(話頭)라는 의도를 의식에 정착시키고 본연의 마음을 알기 위하여 쉼 없이 화두를 드는 것이며, 대승불교의 방편을 들고 하는 대치 명상법과 유사하다. 화두는 번뇌를 끊은 방편의 역할을 충분히 하며, 의심을 드는 화두 기법은 사마타의 기법과도 유사하다. 뿐만 아니라, 마음을 관조해 나가는 것은 위빠사나의 기법과도 유사하다. 다만 불이의 도리로 철견할 때까지 몰아붙이는 화두 기법은 중국 선종의 핵심 수행법임은 부인할 수 없을 것이다. 염불선은 화두 대신 염불을 사용하여 본연의 마음으로 사마타해서 들어가는 것이다. 중국의 많은 문헌들이 5정심의 계차별관 대신 염불관을 대치하였던 사실에서 유추해 볼 때 염불관은 대중에게 다가가기 쉬운 명상 수행법이었고 대중의 사랑을 많이 받은 명상 수행법임을 인정해야 할 것이다.

묵조선은 어떤 마음이 일어나든 간에 마음의 현상을 그대로 관조하는 것을 특징으로 하는 수행의 문이다. 이때의 문은 문이 없는 문[無門]의 성격이 강하다. 간화선은 진리에 대한 탐구심과 중도의 이치를 알고 싶어 하는 간절한 소망을 화두에 담아서 외연(外緣)과 생각에 휘둘리지 않고 집중적으로 마음으로 들어가게 하는 명상 수행문이다. 화두 기법은 마음을 관조하게끔 하는 강력한 의문을 의식에 장착하는 것이 그 특징이며, 그래서 무엇보다도 진리에 대한 의문 덩어리인 의단(疑团)이 잡혀야 가능한 명상 수행이다.

염불선은 부처님의 위신력과 보살의 위신력을 염불에 함께 실어서 그로인해 일어나는 몸과 마음의 작용을 제어하고, 심연의 마음으로 들어가 본래 자신의 자성 자리를 알게 하는 수행의 문이다. 염불은 부처님의 상호를 마음에 간직하는 관상염불(觀象念佛)과 부처님의 법을 마음에 간직하는 관상염불(觀想念佛) 그리고 부처님과 보살의 명칭을 입으로 읊조리는 칭명염불(稱名念佛) 등이 있다.

칭명염불은 큰 소리를 내어서 부처님과 보살의 명호를 입으로 부르는 것으로, 우리나라 천태종에서 주로 행하는 수행법이다. 이 칭명염불은 부처님과 보살의 위신력을 담고 있고, 외부의 대상을 따라 움직이는 마음을 내면에 잡아매어 산란한 마음을 제어하는 뛰어난 방편력이 있어 재가불자들에게 많은 사랑을 받았다. 또한 칭명염불은 면벽의 좌선뿐 아니라 행(行)·주(住)·좌(坐)·와(臥)·어(語)·묵(默)·동(動)·정(靜)의 8문 수행을 다 겸수할 수 있는 생활선의 입장이 강하다. 게다가 칭명염불은 소리를 내어 하는 수행이라서 대중과 함께 수행할 경우 함께하는 이들의 큰 소리에 힘입어 자신의 마음을 사마타하여 마음을 여는 데 많은 도움을 받을 수 있는 탁월한 수행법이다. 다만 칭명염불을 할 때 중요한 것은 염불에 의지하여 모든 것을 해결하려는 마음 자세이다. 염불로 집중의 사마타의 힘을 강하게 하고 염불로 마음의 현상을 바라보는 염불 위빠사나를 행해야 한다. 마음에 현상이 일어나거나 몸에 통증과 반응이 일어나더라도 염불로 내려놓고 염불만 남도록 해야 한다. 염불에는 다른 수행문과는 달리 방편이 하나 더 있다. '염불소리'를 등대와 같이 하나 더 지니고 수행하기 때문에 어두운 마음을 더욱 밝게 비출 수 있다.

티베트 전통의 수행은 만트라(mantra, 眞言)와 만다라(maṇḍala, 曼陀羅), 무드라(mudra, 手印)라고 할 수 있다. 만트라는 진언(眞言) 혹은 다라니(陀羅尼)라고 한다. 만트라를 구성하는 발음, 음절, 낱말들은 진리에 들어가고 진리를 알 수 있는 참된 말이라는 의미에서 진언이라고 한다. 정신집중의 상태에 이르기 위해 암송하면 커다란 효험이 있는 신성한 글귀라고 해서 진언이라고 부른다. 또한 긴 불교 경전의 의미를 간단하게 글귀로 요약하였다 하여 다라니라고도 한다. 만트라는 티베트 전통의 수행법이라고 알려져 있지만, 부처님 당시에도 수많은 만트라가 이미 존재했다. 만트라는 명상의 큰 범주로 말하면 소리 명상이라고 할 수 있다. 만트라의 소리를 통하여 마음의 심연으로 들어가게 하기 때문이다. 소리의 사마타하는 힘은 매우 강력하여 마음을 대표하는 정신적인 영역과 몸의 물리적 변형을 같이 체험하기도 한다. 수많은 만트라 중에 관세음보살의 위신력을 담고 있는 육자대명왕진언 '옴 마니 반메 훔(om maṇi padme hūṃ)'은 명상 수행자들에게 가장 널리 알려진 진언이다.

만다라는 우주의 형상과 마음의 형상을 그림으로 표현한 뒤 그 그림을 없애버리는 수행법이다. 산스크리트어 maṇḍala는 원(圓)을 뜻하는데, 원은 둥글게 두루 갖춤을 의미하며, 물질계의 여러 모습을 실제 그림으로 표현하면서 그 세계에 진입하게 하는 수행의 문이다. 그림으로 표현된 만다라는 구현된 세계인 법계를 의미하지만, 그 안에는 구현되지 않는 세계, 즉 원각(圓覺)의 세계도 포함하고 있어서 모든 만다라에는 구성 즉시 사멸시키는 작법(作法)을 시행한다.

무드라는 수인(手印)이라고 주로 옮겨지는데, '인(印)' '도장' '무도' '제의(祭儀)' 등으로도 불린다. 모든 현상의 작용들을 손가락을 구부리거나 교차시키거나 접촉하는 행위로 표현하는 것을 무드라라고 한다. 넓은 의미에서 몸으로 표현할 수 있는 모든 마음의 모습들은 무드라라고 할 수 있다. 춤 등과 같이 일정한 동작을 행하면서 그 마음을 위빠사나한다면 그에 걸맞은 마음을 관찰할 수 있기 때문에 무드라는 몸관찰의 문이라고 할 수 있다. 다양한 몸동작 속에는 그에 상응하는 마음이 숨어 있기 때문에 하타 요가의 몸동작들은 다양한 무드라의 표현이라고 할 수 있다. 특히 비로자나불의 지권인은

왼손의 집게손가락을 세워서 오른손으로 감싸 쥐는 것인데, 이 수인은 '진리는 하나'라는 의미를 표현하는 것이다.

간단히 요약하면, 만트라는 의미를 갖춘 다양한 소리를 입으로 구현하여 마음을 조망하는 것이며, 이 소리를 내면 이에 걸맞은 마음이 나오게 하는 수행의 문이다. 만다라는 의식의 세계를 그림으로 표현하여 형상화한 뒤 사라지게 하는 수행의 문이며, 무드라는 세계와 마음을 상징적인 동작과 손가락으로 표현하여 마음의 세계로 들어가게 하는 수행의 문이라고 할 수 있다.

명상 수행의 두 바퀴

수행의 두 바퀴 중 사마타

명상 수행이라는 수레는 두 개의 바퀴를 원만하게 굴려야 지혜에 도달할 수 있으며, 마음의 근원 자리를 체득할 수 있다. 명상 수행의 두 바퀴는 단연 위빠사나(vipassanā, 觀)와 사마타(samatha, 止)라고 할 수 있다. 위빠사나가 마음의 주관적 측면으로서 마음의 다양한 모습들과 현상들을 관찰하여 보고 듣고 느끼고 알아서 점차 마음의 본연이 나타나는 과정이라고 한다면, 사마타는 마음의 객관적인 측면으로서 마음의 본연의 모습과 지혜를 알기 위하여 의식으로 의도를 내어[作意] 객관계가 겹겹이 쌓인 마음으로 진입하는 전 과정이라고 할 수 있다.

일반적으로 사마타는 지(止)라고 부르는데, 정(定), 선정(禪定), 선(禪)이라고 번역되기도 하였다. 간단히 정의하면 사마타는 마음이 드러나는 주체적 측면의 위빠사나라는 하나의 바퀴와 함께 굴려야 하는 또 하나의 수레바퀴이다. 겹겹이 쌓인 마음을 드러나게 하고 마음을 알아가려면 우리는 마음을 향하여 나아가야 하는데, 마음으로 향하는 전 과정을 사마타라고 하는 것이다. 마음으로 들어가는 한 통로, 문(門) 또는 명상 수행법을 결정하면 사마타는 이 통로와 문으로 한결같이 의식을 몰아가는 것을 의미한다고 할 수 있다.

몸을 관(觀)하는 몸 위빠사나를 실행할 경우에는 몸에만 의식을 몰아가면서 집중해야 한다. 의식으로 몸을 관찰하고 있을 때, 의식을 몸에만 집중하며 몸속 마음으로 진입하는 것을 사마타라고 한다. 딴생각이 일어나는 것을 조심하며 생각에 휘둘리지 않으면서 몸을 관찰하는 의식을 놓치지 않으면 몸 사마타를 행한다고 하는 것이다.

우리 의식에는 마음의 본연을 보게 하고 지혜에 닿도록 하는 특별한 마음작용[心所]이 있다. 이 특별한 마음작용을 5별경심소(五別境心所)라고 하는데, 이 중 하나가 사마타이다. 5별경심소는 욕(欲), 승해(勝解), 염(念), 정(定), 혜(慧)를 말하는데, 사마타는 5별경심소 중에 정, 다시 말해 선정(禪定)을 의미한다.

욕(欲)은 욕구(欲求)를 뜻하는데, 욕심을 부리는 것을 말하는 것이 아니라 마음을 보겠다고 의도하는 것 또는 선법(善法)을 배우고 익히려는 바람을 의미한다. 명상 수행할 때, 마음을 보고자 하는 선법 욕구가 계속 진행되면 우리는 자연스럽게 몸이면 몸, 마음이면 마음, 생각이면 생각이라는 하나의 통로를 마주하게 된다. 몸이라는 통로를 마주하기도 하고, 느낌과 감정이라는 통로를 마주하기도 하고, 생각이라는 통로를 마주하기도 하고, 현실의 현장에서 모든 대상과 마주하는 경계의 통로를 마주하기도 한다. 이럴 때 마주하게 되는 것을 염(念), 다시 말해 '사띠(sati)'라고 한다. 일반적으로 사띠는 마음을 관찰하는 그 순간에 의식이 마음에 계속 닿아 있는 상태를 의미한다. 그러나 망상이 많고 세상에 대한 욕구와 욕심과 분노와 생각이 많으면 그러한 업식(業識)이 계속 작용하게 되고, 의식은 그러한 업식을 따라다니게 되므로 의식이 마음 자체에 닿아 있게 하는 사띠를 이루기 어렵다. 생각으로 등장하는 업식의 작용을 제어하고, 번뇌망상의 생각 작용을 제어하고, 의식이 마음을 사띠하려면 무엇보다도 눈, 귀, 코, 혀, 몸의 다섯 가지 감각기관을 제어해야 하고, 다음으로 5계 등의 계율을 지켜야만 한다. 다섯 가지 감각기관이 색깔과 모양, 소리, 냄새, 맛, 닿음의 감촉에 계속 홀리고 이를 중요하게 여긴다면 층층이 쌓여진 마음속으로 들어가기 어렵다.

특별한 별경심소의 세 번째에 해당하는 염(念)이라고 칭해지는 사띠가 계속 유지될 때, 의식은 저절로 깊은 사띠에 들어갈 수 있다. 이 사띠가 깊어지면 우리는 점차 마음 안으로 들어갈 수 있는데, 마음 안으로 일여(一如)하게 들어가는 전 과정을 사마타라고 한다. 쉽게 말하면 사마타는 의식이 마음에 닿아 있는 사띠가 깊어진 것이라고 할 수 있으며, 사띠가 계속 유지되어 마음 안으로 들어간 상태라고 할 수 있다. 마음 안으로 사마타하게 되면 우리는 네 가지 선정[四禪定], 아홉 가지 선정[九次第定]으로 들어가게 된다. 선정은 내면 깊은 마음으로 들어가는 과정이지만, 이는 하나의 통로에 대한 사띠의 유지가 가장 중요한 조건이 된다.

네 가지 선정 가운데 제1선정, 즉 초선정(初禪定)은 마음속에 들어가서 마음의 여러 가지 군상들을 보는 위빠사나와 함께 하며, 이미 만들어진 마음에 담아 놓은 욕심들을 관통하게 된다. 제1선정에서는 마음의 껍데기층에 놓여 있는 관념의 보따리와 아집의 보따리, 및 물질업와 몸을 만드는 업장들을 관통한다. 지나친 욕심이라고 할 수 있는 5개(五蓋)를 위빠사나하게 된다. 다섯 개는 건들기만 하면 늘 드러나게 되는 욕심, 분노, 들뜸, 처짐, 의심의 다섯 가지 번뇌 혹은 다섯 가지 선정의 장애를 의미한다. 우리 마음의 표면층에는 이러한 업식의 마음들이 대거 저장되어 있는데, 제1선정은 한결같은 의식 집중의 사마타를 통하여 이러한 마음들을 통과하면서 무너뜨린다.

제2선정은 물질을 만드는 껍데기층의 마음을 통과하여 물질로 보이는 현상층을 지나쳐 감각적 현상들은 사라지고 본연의 마음이 드러나는 것을 의미한다. 경전에서는 이 단계를 정생희락지(定生喜樂地)라고 한다. 본연의 마음으로 잘 들어가고 사띠가 저절로 유지되어 선정의 기쁨을 느끼는 단계라고 할 수 있다.

제3선정은 마음의 물질층도 통과하고 본연의 마음도 알았기에 여기에 머물고 싶어 하는 선정의 기쁨을 내려놓고 마음 안으로 계속 들어가는 과정이다. 경전은 이 단계를 선정의 기쁨을 버리는 단계라고 하여 이희묘락지(離喜妙樂地)라고 한다. 공(空) 등과 같은 마음의 경계가 일부 일어나고 마음 본연의 모습들이 드러나더라도 이에 머물지 않고 사마타를 계속 진행하는 단계를 의미한다.

제4선정은 마음이 물질층을 완전히 통과하고 감정층도 통과하여 진리가 드러나고 마음의 공(空)과 무아(無我)가 드러난 상태를 의미한다. 모든 몸과 마음의 현상은 사라지고 호흡도 자취를 감추고 모든 것은 하나로 연결되어 있음을 안다. 지혜가 오롯하게 드러나 어떤 물질적 현상이나 감정적 현상이나 생각의 분별 현상이 사라진 상태를 말한다. 대상이 인정되지 않을 때 감정과 생각의 분별이 일어나게 되는데, 이런 현상들이 극복된 것이다. 경전에서는 이를 사념청정(捨念淸淨)이라고 한다. 염의 사띠가 의도를 내지 않아도 그대로 유지되고, 항상 평등한 마음과 중도의 마음이 유지되고, 우리 본연의 마음인 청정한 마음이 드러난 상태이기 때문이다. 자성청정심(自性淸淨心)[1)]이 늘 드러난 상태이며 객진번뇌(客塵煩惱)[2)]로 마음이 다시 혼탁해지지 않는다. 부처님 당시에는 이러한 제4선정의 상태를 사마타라고 했던 것이며, 특정한 수행의 통로에서 의식이 대상과 일치하게 되면 삼매(三昧)라고 했던 것이다.

명상 수행이라는 수레는 두 바퀴를 모두 굴려야 안전하고 편안하며 여러 경계를 지나서 궁극의 마음자리에 도달할 수 있다. 사마타는 마음으로 진입하는 전 과정을 의미하므로 어떤 수행을 하든 간에 사마타는 핵심적 요건이다. 행위를 하는 행선(行禪)일 경우는 같은 행위를 계속함으로써 또는 같은 동작을 계속함으로써 마음 안으로 진입할 수 있는데, 반복이 사마타의 기능을 하기 때문이다. 앉아서 하는 좌선(坐禪)일 경우는 반가부좌 또는 결가부좌 자세를 취하고 그 자세를 계속 유지함으로써 사마타의 기능을 발동시키게 할 수 있으며, 누워서 하는 와선(臥禪)의 경우는 누운 자세를 계속 유지하는 그 자체가 사마타의 기능으로 작용하는 것이다. 같은 말을 계속 읊조리는 어선(語禪), 말을 하지 않고 침묵을 계속 유지하는 묵선(默禪)도 한결같은 계속됨을 유지한다면 사마타 명상 수행이라고 할 수 있다. 일과 동작을 계속하는 동선(動禪)은 같은 동작을 반복하게 되므로 사마타 행법이라고 할 수 있으며, 어떠한 것도 하지 않고 쉼과

---

1) 본성으로서의 자성이 맑고 투명한 상태로서 진여(眞如)를 의미한다.

2) 마음의 주인격인 본성은 원래 맑고 투명한 상태인데 손님격인 객(客), 즉 대상을 집착하여 주인의 마음 안에 넣어둔다고 하여 번뇌를 객진번뇌라고 이름한다.

고요함을 유지하는 정선(靜禪)도 고요함을 계속 유지하므로 사마타 행법이라고 할 수 있다. 그래서 통칭하여 선(禪)이라고 한다. 선정과 선(禪)은 한결같음의 의미에서 모두 사마타이다. 계속 일어나는 망상 생각을 내려놓게 하고 마음 안으로 더욱 진입하고 집중하여 공(空), 무상(無常), 무아(無我)라고 하는 마음 본성의 목표물을 향하여 결국 지혜의 빛을 찾아내는 특별한 마음 작용을 별경심소라고 한다.

만트라의 경우에는 만트라 소리가 계속 유지되고 만트라가 반복되고 만트라가 하나의 오롯한 목적이 되고, 만트라로 생각은 저절로 떨어지고, 만트라로 일어난 현상이 모두 사라지면, 만트라 사마타가 되고 만트라 선이 되며, 이를 통하여 마음은 위빠사나의 대상이 되는 것이다. 그럼으로써 모든 것은 마음 아닌 것이 없음을 알게 되고, 부처 아닌 것이 없음을 알게 된다.

이러한 만트라 사마타를 이룰 때 우리는 마음의 근원 자리에 도달하게 되며, 그 근원 자리에 자리 자체가 없음을 인식하게 되며, 인식 그 자체도 느끼지 못하게 되며, 생각 그 자체도 사라지게 된다. 다만 텅 빈 자리 아닌 마음자리 속에 대상이 보이고 소리가 들리고 냄새가 들어오고 세속이 들어오고 물질이 들어오면 마음은 분별없이 받아들이게 되는데, 이를 일러 지혜라고 한다. 지혜는 모든 것 그대로인 것이다. 나 자체 그대로, 너 자체 그대로, 생각 자체 그대로, 대상 자체 그대로. 특별한 것이 없음이 특별한 것이다.

마음에 집중하는 사마타의 아홉 가지 단계

명상 수행자가 몸에 집중의 사마타를 하여 몸속 마음을 보는 것을 몸관찰 위빠사나라고 한다. 몸은 마음의 가장 표면층에 있고, 살아 있는 동안 마음 담는 대표적인 그릇이므로 명상 수행자는 몸을 먼저 닦아야 한다. 몸을 투과하여 마음을 보면, 몸속 마음들은 거친 업을 담고 있고 지옥, 아귀, 축생 등 3악도의 업들을 담고 있음을 알게 되기 때문에 몸부터 마음 안으로 깊숙이 들어가는 집중의 사마타를 행해야 하는 것이다. 몸에 집중하면서 몸속 마음에 한결같이 다가가는 것을 몸 집중 사마타라고 한다. 몸 집중 사마타는 점차 깊은 내면의 마음으로 사마타하게 하는데 여러 단계의 과정을 거친다.

몸에 사마타하여 몸속 마음을 위빠사나하는 데 있어서 가장 주의해야 할 점은 의식을 몸에 붙이는 것이다. 의식이 몸에 붙어 있는 데의 필수 조건은 생각이 뒤얽힌 망상작용으로 치닫는 마음작용을 알아차리고 이를 되돌려 처음 의식이 집중하던 몸의 부분에 다시 돌아오는 것이다. 몸에 붙어 있는 의식을 놓치지 않고 계속적으로 몸에 붙이고 있어야 몸과 직접적으로 결합하는 마음을 볼 수 있기 때문이다. 초심 명상 수행자는 몸에 온 신경을 다 쓰면서 몸에 의도를 붙이고 몸만 보려고 하며 의식을 몰아가면서 일정한 몸 부분에 집중해야 몸과 관련된 마음을 볼 수 있다. 자칫 생각에 매몰되면 의식이 몸에 집중하던 사마타를 놓치고 멀리 다른 곳으로 달아나게 된다. 예를 들어 집, 좋아하거나 싫어하는 사람, 이전에 경험한 일, 앞으로 할 일에 대한 궁리, 감정이 상하고 속상했던 이전의 기억이 떠오르면 집중의 사마타를 놓치게 된다. 이렇듯 명상 수행자는 외부를 쫓는 잡생각으로 인하여 몸에 대고 있는 의식을 떼어내기도 하고 혹은 외부에서 들리는 소리에 홀리기도 하고 외부에 들리는 갖가지 소리에 분별과 판단과 감정을 쏟아 붓기도 한다.

불교경전에 기록된 마음수행을 할 때 의식을 마음에 집중하는 과정을 9종심주(九種心住)[3]라 하여 9단계로 기록하고 있다.

첫째는 외부에 대한 관심과 외부로 향하는 마음작용을 끊고 의식이 외부로 치닫는 것을 의도적으로 차단하고 단속하는 것이다. 몸 관찰 위빠사나일 경우에는 몸에 의식을 매어 두고 의식이 외부의 관심거리로 나아가거나 흩어지지 않게 하는 것이다. 안의 마음에 머물도록 의식을 몸의 부분이나 느낌에 매어 두는 것이다. 이를 경전에서는 의식이 마음 안에 머물고 있다 하여 내주(內住)라고 한다.

둘째는 몸에 의식을 매어 두고 외부의 경계와 생각으로 치닫지 않게 하면 차츰 마음이 드러나게 되는 것이다. 마음이 드러나면 의

---

3) 『유가사지론』은 "9종심주는 어떤 필추가 마음으로 하여금 내주(內住)·등주(等住)·안주(安住)·근주(近住)·조순(調順)·적정(寂靜)·최극적정(最極寂靜)·전주일취(專注一趣) 및 등지(等持)하게끔 하는 것이다. 이와 같은 것을 9종심주라고 한다."라고 설명한다.

식은 외부가 아닌 내부에서 일어나는 마음들을 위빠사나하게 된다. 내부 마음들이 드러나게 되면 일차적으로 급하고 강렬한 물질적 마음부터 표출되고, 묶이고 얽히고 거칠고 강한 것들이 먼저 드러나게 된다. 물질적 마음들은 몸의 표면에 부착되어 있기 때문이다. 의식을 몸에 대면 댈수록 거친 마음들은 계속 일어난다. 몸을 투과하여 내부 마음들이 드러나는 것이다. 이런 마음들이 일어나면 일정한 방편을 사용하며 거친 마음의 현상들을 끊어내고 없애려 노력해야 한다. 염불이나 만트라를 행하는 명상 수행자는 염불과 만트라로 수없이 드러난 마음의 형상들을 끊어내어 어떤 현상도 일어나지 않도록 하며 고요한 마음으로 되돌아가야 한다. 마음이 일어날 때는 주로 영상과 몸의 통증을 동반하기도 하고, 몸의 움직임을 동반하기도 하며, 강한 감정을 동반하기도 하며, 소리 등과 같은 현상을 동반하기도 하고, 과거의 추억이나 회한을 동반하기도 한다. 이러한 현상을 도구와 같은 이미지 방편을 이용하여 사라지게 하면 의식은 계속 마음 안으로 들어가 평등하게 머물게 된다. 이를 경전은 등주(等住)라고 한다.

셋째는 의식은 계속적으로 몸에 사마타하면서 몸속 마음을 위빠사나하거나 몸과 관련되지 않는 마음의 상태를 위빠사나하는 것이다. 이렇게 하더라도 마음은 계속 고요한 상태에 머물러 있지 못한다. 거친 물질의 마음이 제거되었어도 아뢰야식의 마음은 알 수 없을 정도로 광대하여, 계속된 사마타의 집중 의식은 다음 마음들을 파고들어 다음 차순에 있는 마음들이 일어나게 하기 때문이다. 심연의 마음들은 다시 표면으로 떠오르면서 다시 집중의 사마타를 흐리게 하고 수많은 마음의 군상들을 다시금 위빠사나하게 한다. 고요했던 마음들이 다시 수면 위로 올라오면서 여러 가지 현상으로 일어나기 시작한다. 이때 원래 집중하던 곳으로 의식을 몰아가고 의식을 처음 수행대상에 붙여 사마타하는 것을 경전은 안주(安住)라고 한다.

넷째는 의식을 몸에 대고 있어도 몸속 마음에 닿아 있고, 그 사마타의 집중이 생각이나 외부의 경계에 흩어지지 않으면, 의식은 마음에 더욱 가까이 진입하게 되는 것이다. 집중하는 곳에 머무르는 시간이 길어지고 딴생각으로 집중대상을 놓치는 일이 줄어들게 된다. 의식이 집중대상에 오롯이 머물고 있는 시간이 길어지고 다음 순차에 저장된 마음이 드러나는 경우는 현격히 줄어든다. 이 단계에 이르면 의식이 마음과 가까이 하게 되는데, 이를 경전은 근주(近住)라고 한다. 마음 안에 머무르는 시간이 길어지고 있다는 의미일 것이다.

다섯째는 그렇다 해도 심연의 마음들은 또다시 일어나기 시작하고 이를 굴복시키는 것이다. 다시 의식이 새롭게 일어난 마음의 현상에 의해서 흔들리게 되는데, 이를 다시 극복하고 명상 수행의 대상에 일정하게 사마타해야 한다. 고요했던 마음이 다시 파도가 일렁거리듯 마음의 일부가 사마타하는 의식 위로 떠오르게 된다. 마음속 과거 경험했던 물질·소리·냄새·맛·감촉의 업이 드러나고, 옳고 그름의 판단의 생각이 드러나고, 탐욕·진에·무지의 마음들이 드러나고, 또는 성적인 마음들과 알 수 없는 수많은 마음의 모습들이 드러나기도 하고, 6도 윤회한 모습들도 드러나기도 한다. 각종 상(相)이 드러나면 의식은 또다시 집중을 놓치고 흩어지며 마음이 드러난 모양들로 인하여 마음 안으로 집중해 들어간 사마타를 놓치게 된다. 이때 다시 의식을 가다듬고 다시 마음 안쪽을 향하여 집중해 들어가야 한다. 마음을 가다듬고 조율한다고 하여 경전에서는 이를 조순(調順)이라고 한다. 마음 표면으로 부상한 여러 가지 상에 휘둘려 의식을 놓쳐 흐트러지지 않게 하는 것이다.

여섯째는, 다시 의식이 흔들리게 되어 사마타를 놓치게 되는데, 주로 욕심과 성냄과 해치려는 생각작용에 의해서 놓치는 것이다. 혹은 지나친 욕심과 욕구, 들뜸과 후회, 처짐과 수면, 의심 등에 의해서 처음 사마타하던 마음 한곳의 집중대상을 잃게 된다. 지나친 욕심과 욕구 등의 5개(五蓋)는 우리의 청정한 마음을 덮고 선정을 장애하는 대표적인 번뇌이며, 일상에서 늘 작용했던 번뇌의 마음들이라서 가라앉히기 쉽지 않다. 5개의 번뇌는 강한 업식(業識)의 작용이면서 진리에 도달하고 지혜가 드러나게 하는 데 있어 장애의 주원인이 되므로 이를 제어하고 고요히 하려고 노력해야 한다. 이런 마음의 현상들은 단연 사마타의 힘으로 바로 굴복시킬 수 있다. 이 단계의 사마타의 힘을 경전은 적정(寂净)이라고 한다. 강하게 요동치는 업식을 굴복시키고 태풍과 같은 마음작용들을 사마타의 힘으로 가라앉히기 때문에 적정이라고 하는 것이다.

일곱째는 선정을 장애하고 지혜의 빛을 가리는 번뇌들이 의식 표면 위로 부상되지 않는 단계이다. 욕심과 욕구, 분노의 기운들, 들뜸과 후회의 마음들, 처짐과 수면욕, 의심의 생각들인 5개(五蓋)의 마음 작용들이 더 이상 일어나지 않는 것이다. 의식은 명상 수행 대상에 사마타의 집중을 하고 있어도 더 이상 거친 번뇌로 인해 흐려지지도 않고 미세한 번뇌만 뜨는 단계에 진입한다. 미세한 번뇌 등은 사마타의 의식을 덮지 않고 일어났다가도 바로 사라져서 의식은 한층 더 심연의 단계로 접근하게 된다. 이를 경전은 최극적정(最極寂靜)이라고 한다. 거친 번뇌는 사라지고 미세한 번뇌의 작용이 잔잔하게 흘러도 큰 바다와 같은 본연의 마음을 보지 못하게 하지는 않는다.

여덟째는 사마타의 의식이 더욱 면밀해지고 사마타하는 의식이 마음 안으로 깊숙이 진입해도 심연의 마음에서 더 이상 드러날 업상이 없는 상태이다. 사마타의 의식이 본연의 마음으로 일치되어 가는 단계이다. 이 단계에서는 종종 삼매를 경험하며, 사마타와 위빠사나가 일치되어 지관쌍수를 이루며, 주객이 하나 되는 일심(一心)을 이룬다. 경전은 이를 전주일취(專住一趣)라고 한다. 오로지 지관쌍수의 마음으로 이어지기 때문이다. 수행하는 마음만이 일정하게 유지된다.

아홉째는 앞의 8단계를 계속 수행하였기 때문에 마음에 외부의 객이 들어와 주인 노릇하는 객진번뇌(客塵煩惱)의 작용은 사라지고 마음 본연의 모습인 공성(空性)과 무아성(無我性)이 그대로 드러나는 것이다. 이 단계에서는 지혜가 확연하게 비치게 되는데, 외부 대상을 비추고 분별없이 수용한다. 이를 일러 경전은 등지(等持)라고 한다. 마음은 장소를 잃고 의식은 댈 곳이 없게 된다. 마음의 진면목인 공성과 무아성이 현현(顯現)하기 때문이다. 마음의 진면목이 나타남에 지혜는 더욱 활기를 찾아 대상을 분별없이 말없이 모양없이 그대로 비추고 수용한다. 일상이 수행이요, 대상이 내 마음이요, 의식이 곧 한 마음인 줄 아는 것이다. 현실 그 자체가 도(道)임을 확연히 아는 것이다.

수행의 두 바퀴 중 위빠사나

위빠사나는 빨리어 vipassanā의 음역으로 마음 안을 관찰하는 내관(內觀)을 의미하고 통찰을 뜻한다. 인도의 수행법에서 지혜 개발을 뜻하는 용어이며, 지관(止觀)에서 관(觀)에 해당하는 말이다. 위빠사나는 관(觀), 관견(觀見), 정견(正見), 혜(慧)로 의역되었고, 미발사나(微鉢舍那), 비발사나(毘鉢舍那) 등으로 음역되기도 하였다.

명상 수행의 두 축 가운데 하나인 위빠사나는 사마타에 의해서 주관에 해당하는 마음이 드러나 관찰하는 것을 의미한다. 마음을 관찰하는 위빠사나 방법은 인도 전통에서는 부정관과 수식관 등 5정심관(五停心觀)을 중심으로 전개되었다. 인도 전통의 수행에서 위빠사나를 매우 중요하게 다룬 이유는 위빠사나를 통하여 많은 층으로 되어 있는 마음을 관찰하기도 하고, 오염된 마음들을 정화하기도 하며, 궁극적으로 마음의 본연의 모습에 도달하기 때문이다.

위빠사나의 명칭은 매우 다양하다. 수행자가 처음 마음을 관찰하는 위빠사나를 하게 되면 마음이 번뇌에 의해서 덮여 있고 업에 의해 덮여 있는 것을 관찰하게 되지만, 종극에는 심연(深淵)의 일심의 마음과 번뇌와 업에 의해서 물들지 않는 청정한 마음도 관찰되기 때문에, 위빠사나를 지혜라고 이름하기도 한다. 위빠사나는 여러 겹으로 되어 있는 마음을 관찰하기 때문에 관(觀)이라고 의역하고, 마음을 관찰하여 보는 기능이 강하기 때문에 관견(觀見)이라고 의역한다. 왜곡되어 있는 자신의 업을 제거하고 아집[4]과 언어분별[5]을 제거하며 업에 의한 마음에 흔들리지 않고 마음의 본연을 있는 그대로 보기 때문에 정견(正見)이라고 하며, 업이 사라져 더 이상 업에 의한 마음을 보지 않고 지혜의 비춤에 의해서 마음을 보기 때문에 혜(慧)라고 의역한다.

결국 마음을 보고 듣고 느끼고 아는 견문각지(見聞覺知)를 총칭하여 위빠사나라고 한다. 그렇다면 마음은 몇 가지 종류가 있으며, 어떻게 견문각지해야 하는가?

마음의 종류는 셀 수 없이 많지만, 근원으로 들어가 보면 하나일 뿐이고, 분별의 두 축인 주관과 객관으로 나뉘지 않는다. 본연의 마음은 나도 없고 대상도 없으며, 주관과 객관으로 분리되지 않으며, 옳고 그르거나, 내 것이나 네 것, 혹은 이것이나 저것 등의 생각의 판단과 분별작용도 전혀 없고, 대상과 구분되지도 않으며 감정을 일으키지도 않는다. 본래 마음이 그러하듯 마음은 있는 그대로의 상태인데, 상태 그 자체는 없다. 일심(一心)이다. 일심의 마음은 대상과 주관이 하나라서 인식주체가 인식대상이기 때문에 인식으로 판단할 수 없다. 이렇듯 본래의 마음은 하나였지만, 언젠가부터 원인 없이 한 찰나에 분별이 생기면서 둘로 나뉘어 주관의 마음과 객관의 세계

4) 유식에서는 이를 아집습기(我執習氣)라고 하며 아집종자(我執種子) 또는 아애종자(我愛種子)라고 한다. 윤회하면서 행했던 존재에 대한 습관적 집착을 의미한다.

5) 유식에서는 이를 명언습기(名言習氣)라고 하며 명언종자(名言種子) 또는 희론(戲論) 또는 희론종자라고 한다. 대상을 보고 습관적으로 이미지를 저장하거나 명칭으로 기록하려는 습관적 의식의 자동저장기능을 의미한다.

를 이룬다.

갈라지게 된 마음은 짐짓 두 가지 형태로 보이는데, 하나는 주관의 마음이며 둘은 객관의 세계와 대상이다. 주관의 마음은 자신이 지니게 되는 주체의 마음을 의미하며, 객관과 다르다고 착각하여 무지(無智)에서 만들어 놓고 쌓아 놓은 개인 마음의 총체를 의미한다. 객관의 마음은 마음의 다른 모양인 객관의 대상과 자연세계이다. 위빠사나는 객관의 자연 등의 대상이나 집중의 사마타를 통하여 알려지고 드러나는 마음의 주관적 측면을 의미하며, 사마타는 마음으로 다가가는 마음의 또 다른 객관적 차원을 의미한다고 할 수 있다.

또한 마음은 주관, 객관, 주관과 객관을 의도적으로 조작하려는 마음의 세 가지로 나누어 설명되기도 한다. 이때 주관의 마음은 오염되지 않고 언제나 청정하고 분별하지 않고 대상과 그대로 일치되는 일심(一心)의 마음을 의미한다. 객관은 이미 분별해서 만들어진 대상과 환경을 이룬 모든 세상을 의미한다. 의도적으로 조작하려는 마음은 일심과 대상을 계속 분리하려는 우리의 잘못된 편견과 아집과 업식(業識)을 의미한다. 이 업식은 청정하고 번뇌의 때가 전혀 없는 무구(無垢)의 본연의 마음을 가리는 저장된 마음의 총합을 의미하며, 인도의 유식불교는 이를 아뢰야식(阿賴耶識)이라고 명명하며, 쌓아놓고 저장된 마음의 상태를 계속 자신이라고 인식하는 오염의 식을 말나식(末羅識)이라고 부른다. 그 근본은 산스크리트어 manas

에서 유래되었으며 중국의 현장은 생각으로 헤아린다고 하여 사량(思量)이라고 의역하였다.

또한 마음은 감각기관의 다섯 가지 마음[前五識], 분별과 판단의 의식 마음[第六識], 과거의 경험을 저장하여 감각기관과 의식에 전달하고 새로운 정보를 받는 마음[第八識, 阿賴耶識], 과거의 경험을 저장한 마음을 고정되었다고 인식하고 이를 자신의 나[我]라고 착각하여 이를 지키려는 마음[第七識, 末羅識]의 여덟 가지로 설명되기도 한다. 감각기관의 마음은 5관에 붙어 있는 의식으로 안식(眼識), 이식(耳識), 비식(鼻識), 설식(舌識), 신식(身識)의 다섯 가지로 이루어져 있다. 마음을 이와 같이 세분화하면 모두 여덟 가지가 되는데, 청정무구(清浄無垢)의 마음을 합하면 모두 아홉 가지가 된다. 유식가 중 중국의 현장은 제8식을 주장하였고, 인도에서 중국에 들어와 활동했던 진제(眞諦)는 제8식의 본체로서 청정무구식인 아말라식을 설정하여 아홉 가지 식을 주장하였다.

이러한 아홉 가지의 주관적 마음을 관찰하여 알아가는 것을 위빠사나라고 하는데, 마음의 상태에 따라서 위빠사나는 세 가지로 나뉜다. 마음에 쌓아놓은 업식 자체를 관찰하면 위빠사나라고 하며, 업식 자체가 어느 정도 정화되어 진리의 본체가 드러난 상태를 관찰하게 되면 삼빠자나(sampajañña, 正知)라고 하며, 업식이 많이 제거되어 본연의 마음이 드러나 일심의 무분별(無分別) 마음을 체득하면 지혜(paññā, 般若)라고 한다.

그러므로 위빠사나는 정지(正知)의 삼빠자나와 지혜의 반야를 모두 포괄하는 마음 자체를 의미하지만, 업식의 정도에 따라서 그 명칭과 의미가 달라진다. 위빠사나 자체는 일심이요 반야의 지혜이지만, 마음은 이미 과거 경험에 의해서 들어차 있는 상태이기 때문에 마음을 관조해도, 즉 위빠사나해도 본연의 마음이 드러나지는 않는다.

그래서 분별하지 않는 지혜의 마음이 드러날 때까지 위빠사나의 명칭은 달라진다. 위빠사나 명상 수행으로 마음이 드러나게 되면 우리는 이를 계속 알아차리고 인식하게 되는데, 강한 업식이 드러나 알아차릴 경우는 위빠사나라고 하고, 어두운 구름과 같은 업식이 어느 정도 거두어져 맑은 하늘과 같은 마음을 함께 알아차릴 경우는 삼빠자나라고 하며, 구름의 업식이 완전히 제거되어 맑은 하늘과 같은 마음이 나타난 경우는 반야라고 한다. 위빠사나를 세 가지로 분류하는 것은 위빠사나의 기능이 나뉘기 때문이 아니라, 업식의 상태에 따라서 관찰력이 달라지기 때문이다.

위빠사나는 마음의 겹겹이 쌓여 있었던 주관적 측면이 드러나는 것이기 때문에 마음의 본질이라고 할 수 있으며 마음이 다 벗겨지면 반야의 이름을 부여받는다. 반야로 점철된 마음의 본질은 이미 둘이 아닌 대상을 인정하고 받아들이기 때문에, 분별하지 않는 마음으로,

즉 무분별로 완성된다. 결국 지혜의 무분별의 빛이 위빠사나인 것이며, 나와 너를 성찰하는 관찰지가 위빠사나인 것이며, 생각의 분별을 떠난 것이 위빠사나인 것이며, 몸과 마음을 관조하는 것이 위빠사나인 것이며, 자연환경과 대상을 그대로 수용하는 것이 위빠사나인 것이다.

우리가 명상 수행하면서 몸을 관찰하거나 생각을 관찰하거나 올라온 감정을 관찰할 때 의식을 몸에 대거나 생각에 대거나 감정에 댄다. 그런데 그때는 마음은 몸도 아니고 생각도 물론 아니고 감정과도 전혀 상관없다. 그것을 일러 위빠사나라고 하는 것이다.

염불 수행으로 이를 이해할 수 있다. 염불을 계속하면서 염불이 끊어지지 않고 이어지게 되면 이를 염불 사마타라고 할 수 있는데, 계속되는 염불이 몸을 통과하여 마음에 닿아서 마음의 현상이 드러나면 염불 위빠사나가 된다. 염불을 하되 염불과 상관없는 염불과 분리되어 있는 마음이 있다. 이 마음은 염불을 그대로 지켜보기만 할 뿐 어떠한 작용도 하지 않는다. 이러한 마음을 반야를 동반한 위빠사나라고 하는 것이다. 염불은 염불 소리를 계속 이어지게 하기 때문에 마음을 향하게 하고 마음의 여러 층을 건드리게 하여 마음의 여러 군상과 기억들을 자극하는데, 이때도 반야를 동반한 위빠사나는 그저 그런 현상을 지켜볼 뿐 관여하지 않는다.

염불로써 몸 위빠사나를 하게 되면 몸속에 깃든 마음의 모습들을 보게 되는데, 이 또한 염불 위빠사나라고 할 수 있다. 간혹 드러난 업식의 모습이 위빠사나를 덮더라도 위빠사나는 언제나 늘 업식과 분리되어 있기 때문이다. 마음의 모습들은 개개인의 업식에 따라 다양하게 나타난다. 이미지가 나타나기도 하고, TV 화면과 같은 영상이 나타나기도 하며, 슬프고 괴로운 감정이 나타나기도 하며, 망상과 같은 수많은 생각이 나타나기도 하며, 알 수 없는 모습과 광경이 나타나기도 하며, 염불 소리가 다른 소리로 변화하는 변음(變音)이 나타나기도 하며, 몸의 형태가 바뀌는 현상도 나타난다.

그것들은 모두 염불의 사마타의 지(止) 수행으로 인하여 위빠사나의 관(觀) 수행이 되었기 때문이다. 마음은 알 수 없는 세계에 이르기까지 수많은 전생의 기록을 토해내야만 자성청정심을 되찾을 수 있다. 명상 수행 중 어떤 현상이 일어나더라도 이는 마음의 일부가 나타난 것일 뿐이다. 진여(眞如)와 반야의 마음이 위빠사나와 하나가 되면 어떤 현상도 동반하지 않으며, 물들지 않는 깨끗한 거울과 같은 상태가 되어 대상을 그저 받아들이기 때문이다.

위빠사나는 본연의 지혜의 마음도 상징하지만 본연의 마음이 드러나기까지의 전 마음을 관조하는 것도 의미한다. 마음으로 진입하려는 사마타 정진이 없으면, 오염된 마음이든 업장으로 덮여 있는 마음이든 청정무구의 마음이든 우리는 그 어떤 마음도 볼 수 없다. 마음으로 다가가고, 마음이 무엇인지 알고자 하고, 실체 없는 마음의 실체에 다가가려고 노력하는 사마타의 정진이 무엇보다도 중요하다. 사마타의 정진력이 번뇌를 헤치고 결국 마음을 위빠사나하게 하기 때문이다.

사마타의 지(止)와 위빠사나의 관(觀)의 마음 사이의 간극이 점점 좁혀져 명상 정진한 만큼 마음상태가 드러난 것을 지관쌍수라고 하며, 지관쌍수가 이루어질 때 사마타와 위빠사나의 경계는 사라지고 지혜의 빛이 내 안에도 그대로, 너 안에도 그대로 있음을 알게 된다.

대표적인 위빠사나 수행법 : 4념처관

위빠사나 명상은 몸을 관찰하는 위빠사나 명상과 마음을 관찰하는 위빠사나 명상과 대상과 자연을 관찰하는 위빠사나 명상법으로 크게 나눌 수 있다. 신(身)·수(受)·심(心)·법(法)의 4념처관(四念處觀)이 대표적인 위빠사나 명상법이라고 할 수 있다.

4념처(四念處)[6] 수행법은 초기불교 붓다의 대표적인 수행법이라고 할 수 있다. 4념처관 외에 초기불교 수행법으로 부정관과 수식관이 유명한데, 이 두 수행법은 모두 4념처 수행법에 포함된다. 몸을

---

6) 4념처관 수행법은 초기불교의 4부 아함에 가장 많이 기술되는 수행법이며, 아비달마와 대승경전에서도 주요한 수행법으로 기술된다. 특히 4념처(四念處), 4정근(四正勤), 4여의족(四如意足), 5근(五根), 5력(五力), 7각지(七覺分), 8정도(八正道)는 초기불교의 핵심 수행법으로 간주된다.

부정하다고 여기는 부정관과 몸속에서 작용하는 호흡을 관찰하는 수식관은 신념처에 포함되기 때문이다.

4념처의 '4(四)'는 네 가지를 의미하며, 네 가지는 신(身)·수(受)·심(心)·법(法)을 말한다. 신은 몸을 의미하고, 수는 느낌을 의미하며, 심은 마음을 의미하며, 법은 이치 또는 동일 개념의 범주를 의미한다. 초기불교는 명상 수행의 대상으로 삼을 수 있는 대표적인 범주를 몸과 느낌과 마음과 동일 개념의 네 가지로 설정하여 이를 대상으로 사마타하여 위빠사나할 것을 중시한 것이다.

4념처의 '염(念)'은 빨리어 사띠(sati)의 의역으로 의식을 수행의 대상에 집중적으로 붙여놓는 것을 의미한다. 의식을 몸에 집중적으로 붙여놓으면서 의식이 몸의 각각의 기관에 머물고 있으면 신념처가 되는 것이며, 의식을 느낌에 집중적으로 붙여놓으면서 의식이 느낌에 머물고 있으면 수념처가 되는 것이며, 의식을 마음과 생각에 붙여놓으면서 의식이 생각 번뇌의 발생을 알아차리고 머물고 있으면 심념처가 되는 것이며, 의식을 이치와 동일 개념의 범주에 붙여놓으면서 의식이 대상을 보면서 일정한 개념이 일어나거나 이치에 계합하고 있으면 법념처가 되는 것이다.

염의 사띠는 수행에 있어서 매우 중요한 요소이다. 사띠는 깨달음을 얻을 수 있는 마음의 특별한 작용, 즉 별경심소(別境心所) 중 하나이며, 선정을 이룰 수 있는 첫 단추에 해당한다. 사띠가 계속 진행되고 깊어지면 선정은 저절로 이루어지고 선정이 이루어지면 지혜는 저절로 드러나기 때문이다.

불교에서는 계율을 지키고 선정을 이루며 지혜가 드러나는 과정을 계(戒)·정(定)·혜(慧) 3학(三學)이라고 하는데, 계율은 선정에 들어가기 위한 선행수행에 해당하며, 본격적인 선정에 들어가기 위해서는 의식이 한곳에 머물러 있는 염의 사띠 실현이 무엇보다도 중요하다. 선정을 이루게 하는 사띠의 선행조건은 우선적으로 감각기관을 제어하는 계율을 지키는 것이다. 불살생, 불투도, 불망어, 불사행, 불음주의 5계를 잘 지켜야만 눈, 귀, 코, 혀, 몸이라고 하는 감각기관이 외부로 향하는 마음을 제어하게 되고, 마음으로 파고드는 염의 사띠를 어렵지 않게 성취할 수 있기 때문이다. 살생하지 않고, 주지 않는 물건을 가져오지 않으며, 거짓말을 하지 않으며, 음욕을 함부로 행하지 않으며, 술을 먹지 않는 5계의 실천도 악행을 저지르려고 할 때 마음의 사띠 기능이 발휘되면 충분히 제어 가능하다. 감각기관의 방종과 일탈의 행위들은 계율지킴, 즉 사띠로 제어할 수 있고 제어된 감각기관 속 마음들은 사띠를 통하여 위빠사나하게 된다. 그러므로 사띠는 정혜(定慧), 다시 말해 지관(止觀)을 이룰 수 있는 최우선의 마음지킴이다. 그래서 염의 사띠를 일부 불교경전에서는 위빠사나의 관(觀)과 혼용하여 쓰기도 하였다.

4념처의 '처(處)'는 장소를 의미하며, 의식을 일정한 장소에 붙여 그곳에 머물러 있는 것을 말한다. 다시 말해 수행할 때 몸이라는 장소에 의식이 머물러 있을 수 있고, 느낌과 감정이라는 장소에 의식이 머물 수 있으며, 생각과 번뇌의 마음이 일어나는 곳에 의식이 머물 수 있으며, 동일 개념의 범주와 그 이치에 의식이 머물 수 있기 때문에 4념(四念)에 머무름의 장소적 입장에서 '처(處)'를 붙인 것이다. 처는 산스크리트어 'sthana'를 번역한 것으로 장소를 의미한다.

그러면 몸을 관찰하는 신념처는 어떻게 명상 수행하는 것인가?

신념처는 몸에 의식을 붙여서 다시 말해 몸에 의식을 닿게 하는 사띠를 행하면서 몸속에 결합된 마음이 일어나면 이를 위빠사나하는 것이다. 몸을 관찰하는 신념처 수행은 눈 등의 다섯 가지 감각기관을 사마타하여 그 속에 담겨 있는 마음을 위빠사나하는 것과, 몸속에 있는 장기 등의 기관들을 사마타하여 그 속에 담겨 있는 마음을 위빠사나하는 것과, 몸속 각종 뼈들을 사마타하여 그 곳에 담겨 있는 마음을 위빠사나하는 것과, 몸의 각종 관절들을 사마타하여 그 속에 담겨 있는 마음을 위빠사나하는 것 등등이 있다.

다섯 가지 감각기관을 사마타하여 그곳에 담겨 있는 마음들을 관찰하는 5관관찰 위빠사나는 감각기관을 통하여 외부의 물질을 마음으로 받아들이기 때문에 이에 대한 관찰은 초심의 명상 수행자에게 무엇보다도 중요하다. 눈의 감각기관에 사마타하면 눈 속에 간직된 마음을 위빠사나하게 되는데, 눈의 감각기관을 통하여 눈 속에 저장된 마음을 충분히 위빠사나할 수 있다. 눈은 외부의 색깔과 형태와 움직임과 원근을 감지하기 때문에 눈 속 마음은 이러한 것들을 일차적으로 담고 있다. 귀의 감각기관에 사마타하면 귀 속 마음을 위빠사나하게 되는데, 귀의 감각기관은 사람의 소리, 동식물의 소리, 자연의 소리, 악기 소리, 음악 소리 등의 여러 가지 소리를 듣고 이를 마음에 저장한다. 그래서 귀를 사마타하여 귀 속 마음을 위빠사나하다 보면 다양한 소리와 소리로 인한 감정들이 드러나게 된다. 코의 감각기관에 사마타하면 코 속에 자리 잡은 마음들을 위빠사나하게 되는데, 코는 각종 냄새를 맡고 이를 마음속에 저장하고 있는 감각기관이라서 냄새에 대한 좋고 싫음 등의 마음들이 드러나게 된다. 혀와 입의 감각기관을 사마타하면 혀와 입 속 마음들을 위빠사나하게 된다. 혀의 마음들은 혀로 맛보았던 각종의 신맛, 짠맛, 쓴맛, 매운맛, 단맛을 감수하게 된다. 몸 전반을 사마타하면 몸속에 자리 잡은 마음들을 위빠사나하게 되는데, 주로 몸의 움직임의 업들을 관찰하게 된다.

다섯 가지 감각기관의 위빠사나 명상법은 5장의 1절 '5관관찰 위빠사나'에서 자세하게 설명된다. 신념처의 기본 명상 수행으로서 다섯 가지 감각기관을 먼저 익혀야 하는 이유는 이 다섯 가지 감각기관에 의해서 물질, 감정, 생각, 행동, 판단인식의 5온(五蘊)[7]이 마음속에 쌓이고 이것들이 개인적인 마음들을 만들기 때문이다.

신념처의 다음 수행은 몸속 장기들을 관찰하는 것이다. 눈의 마음은 장기 중 간장과 깊이 관계되어 있으며, 귀의 마음은 신장과 관계되어 있으며, 코의 마음은 장기 중 폐장과 관계되어 있으며, 혀의 마음은 심장과 관계하고, 몸의 마음은 의식과 깊이 관계되어 있다. 5장을 중심으로 몸을 사마타하여 위빠사나하다 보면 장기 속 다양한 마음들을 만나게 되는데, 이들 마음들은 주로 물질에 대한 잘못된 인식, 집착, 운용으로 인하여 만들어진 거친 업장들이라고 할 수 있다.

신념처의 다음 명상 수행은 뼈과 관절들을 관찰하는 것이다. 뼈는 몸의 가장 깊숙한 곳에 있으며 단단한 마음들로 구성되어 있다. 단단한 마음들은 단단한 개념, 늘 하는 일상적인 습관, 신조, 고집, 강한 관념들에 의해 만들어지기 때문에 뼈를 사마타하여 위빠사나하는 명상 수행은 쉽지 않다. 점차 불교의 수행법은 신념처의 뼈관찰 위빠사나 수행법을 백골관이라는 독자적인 수행법으로 정형화했는데 수행법이 쉽지 않기 때문일 것이다. 관절은 뼈와 뼈를 연결하는 부분으로, 사람의 움직임을 관장하고 이런 일들을 마음에 저장

---

7) 불교에서는 5온(五蘊)을 색(色)·수(受)·상(想)·행(行)·식(識)의 물질과 몸을 만드는 대표적인 작용이라고 보았으며, 다섯 가지 감각기관은 모두 5온에 포함된다고 본다. 온(蘊), 처(處), 계(界)를 함께 나열하기도 하는데, 이는 주관과 객관과 이에 대한 인식의 연기적 관계를 나타낸다. 초기불교의 교설 중 대표적이다.

하는 기능을 한다. 관절 속 마음은 모든 몸의 행위와 직접적으로 관계되어 있으며, 관절이라는 단어에 걸맞게 연결하는 마음들과 관련되어 있다. 불교의 명상 수행법이 신념처에 포함되는 관절관찰 위빠사나 수행법을 골쇄관이라는 독자적인 수행법으로 정형한 것도 이런 이유에서 찾을 수 있다.

4념처의 두 번째 수행법인 수념처는 몸과 마음의 느낌을 관찰하는 것이다. 몸의 느낌을 사마타하여 위빠사나하는 경우는 주로 각종 감각기관과 몸의 여러 부위에서 나타나는 느낌을 따라가면서 느낌의 변화를 관찰하는 것이다. 마음의 느낌을 사마타하여 위빠사나하는 경우는 생각에 대한 감정과 기억에 대한 감정을 사마타하여 위빠사나하는 것이다. 감정은 수시로 변화하고 일정한 형태를 유지하지 않기 때문에 마음관찰의 심념처와도 유사하다. 신념처가 일정한 몸의 부분에 의식을 집중적으로 사마타하는 것과는 달리, 수념처는 몸의 느낌과 마음의 감정을 관찰하는 두 영역을 포괄한다. 몸의 느낌들은 관찰하기 용이해도 마음의 감정들은 관찰의 대상으로 삼기 쉽지 않다. 그래서 수념처 수행법은 초심의 명상 수행자가 행할 때, 기억을 떠올려 그 기억에 담긴 감정들을 관찰하는 것이 수월하다. 기억들은 마음관찰의 심념처 수행과 깊이 관련되어 있어서 수념처 수행은 독자성을 확보하기 어렵다. 어떤 때는 신념처였다가 홀연히 심념처가 되기도 하기 때문이다. 명상 수행할 때는 이것이 신념처이고 이것이 수념처라는 분별의 생각은 절대 금물이다. 그저 느낌이 일어나는 곳에 집중해야 느낌 속 마음을 해결할 수 있기 때문이다. 일반인들이 다가기기 쉬운 수념처 명상 수행은 몸에서 강하게 드러나는 통증과 느낌에 집중하는 것이 가장 간단한 방법이다. 통증과 느낌은 마음이 몸을 통과하여 일어날 때 일어나는 대표적인 현상이기 때문이다.

4념처의 세 번째 수행법에 해당하는 심념처 수행은 알 수 없고 헤아리기 어려운 마음에 사마타하여 위빠사나하는 것으로, 4념처 중 가장 명상 수행하기 어렵다. 마음 그 자체가 감지하기 어렵고 그 규모도 엄청나기 때문이다. 주로 마음에서 일어나는 탐욕과 분노, 무지를 동반한 번뇌의 생각에 집중하려고 노력해야 한다. 이것도 쉽지 않다. 초심의 명상 수행자는 탐욕이 무엇을 의미하는지 모르기 때문이다. 그래서 명상 지도자는 탐욕의 형태에 대하여 명상 수행자에게 자세하게 설명해 주는 것이 필요하다. 이와 같이 생각이 무엇인지도 설명해 주어야 한다.

마음은 저장된 것이 많으면 많을수록 먼지와 같이 뜨고 부유하게 되는데, 주로 생각작용으로 나타나고 생각에 감정이 섞여서 나타나며, 행위들로 나타난다. 심념처 수행은 이런 생각으로 뜨는 마음의 현상을 바라보고 강한 행위들의 현상들을 바라보는 것에서 출발할 수 있다. 몸에 대한 생각, 자신의 자존에 대한 생각, 가족과 사회에 대한 생각, 미래를 설계하고 과거를 유추하는 생각들의 실상을 바라보고 알아차리는 것이다. 심념처는 신념처과 수념처를 포괄하고 있어서 몸의 신념처나 느낌의 수념처도 넓은 의미에서 모두 심념처에 포함된다.

4념처의 네 번째 수행법에 해당하는 법념처 수행은 현실수행이라고 할 수 있다. 5관과 의식이 색, 성, 향, 미, 촉, 법이라는 대상을 마주하여 일어나는 동일 개념과 반응을 관찰하는 것이기 때문이다. 동일 개념이라 함은 눈이 대상인 꽃을 보고 '국화꽃'이라고 동일 개념으로 단정짓는 것을 의미하며 반응은 싫고 좋은 감정과 싫고 좋은 행위를 동반하는 것을 의미한다. 또한 법념처 수행은 대상을 마주하여 중도 실상으로 이해하여 대상에 대하여 분별하지 않으며, 지혜가 드러나는 경우도 해당한다. 다시 말해 이치를 알고 생각을 내려놓고 무아를 실현하고 공성과 함께 하며 대상을 그대로 수용하는 경우도 법념처에 해당하기 때문이다.

2장

다섯 가지 입문 명상

불교의 명상 수행법은 진리에 들어가기 위한 예비적인 수행법과 진리를 그대로 실천하는 수행법으로 나누어져 있다. 다시 말해 도(道)에 들어가고 견성(見性)을 체득하기 위한 과정에 있는 수행법과 도를 체득하고 견성을 경험한 상태에서 하는 수행법 사이에는 차이가 있다는 뜻이다. 도에 들어가는 수행법은 현자(賢者)가 하는 수행이라고 하며, 도에 들어간 상태에서 하는 수행법은 성자(聖者)가 하는 수행이라고 한다.

현자가 되기 위해 행하는 대표적인 수행법으로는 부정관(不淨觀), 자비관(慈悲觀), 연기관(緣起觀), 계차별관(界差別觀), 수식관(數息觀)을 들 수 있다. 일반적으로 이 다섯 가지 수행법을 한꺼번에 일러, 5정심관(五停心觀) 수행법이라고 한다. 성자가 되기 위한 수행법으로는 고(苦)·집(集)·멸(滅)·도(道)의 사성제(四聖諦)를 현실에서 수행하는 것이다. 현자에 이르게 하는 5정심관은 자신의 언어분별과 아집과 업을 제거하고 나를 내려놓는 수행이라고 할 수 있지만, 성자의 사성제는 무아(無我)를 체득한 상태에서 현실에서 고·집·멸·

도를 실천하는 수행이라고 할 수 있다. 그래서 5정심관은 여실한 공(空)에 들어가기 위한 예비수행이라고 알려져 왔고, 사성제의 수행은 괴로움이 쌓이고 사라지는 과정을 모두 성제(聖諦)라고 하였으며, 이 성제를 분별없이 실천하는 과정을 8정도(八正道)라고 했던 것이다.

부정관은 진여(眞如)로서의 여실한 공(空)을 침탈하고 막는 몸과 관련된 마음을 닦는 수행이라고 할 수 있으며, 자비관은 나를 제외한 수많은 대상들에게 사랑을 주고 고통을 뽑아오는 수행이라고 할 수 있다. 연기관은 넓게는 나와 너의 관계성과 주관과 객관의 관계성을, 좁게는 나를 이루는 여러 조건들의 관계성을 아는 수행이라고 할 수 있다. 또한 모든 것의 상즉(相即)의 관계성을 아는 것이며, 어떤 한편의 고유한 자성은 없음을 알아가는 수행이다. 계차별관은 주관과 객관의 상관계성을 지·수·화·풍·공·식(地·水·火·風·空·識)의 성품으로 아는 것이라고 할 수 있으며, 수식관은 외부의 풍성(風性)이 내부와 결합하는 전 과정을 아는 수행법이라고 할 수 있다.

붓다의 초기 수행법은 중생에게 부정관을 닦게 하는 것이 목표였으며, 이를 위하여 몸과 관련되어 있는 마음들을 사마타로 관통하여 그로 인하여 드러나는 마음의 현상을 위빠사나하는 행법이 일차적으로 실행되었다. 붓다의 부정관은 성욕에 대한 욕심을 퇴치하기 위한 명상 방법으로 제시되었는데, 왜냐하면 몸과 결합된 대표적인 마음은 성욕이기 때문이었다. 출가 위주의 교단을 유지하기 위한 필연적인 명상 수행은 몸관찰 위빠사나의 대표적인 수행법인 부정관을 닦아야 성욕에서 벗어날 수 있다고 붓다는 생각하였다. 그러나 부정관 수행은 많은 폐단을 낳을 수밖에 없었다. 몸속 거칠고 갇혀진 마음들을 내려놓고 관찰하라는 붓다의 말씀은 마음이 몸에 붙어있기 때문에, 오히려 몸이 이욕(離欲)의 대상이 되었고 해탈의 대상이 되었으며, 몸의 죽음이 열반이라고 착각하게 만들었던 것이다. 부정관을 하면서 몸속 곳곳의 내부 기관과 장기들에서 드러난 여러 현상에 대하여 수행자는 몸 자체의 더러움으로 인식했던 것이다. 몸관찰 부정관 위빠사나를 통하여 수행자는 몸의 덧없음을 다양한 형태로 목격하고, 제 몸을 죽이는 자살과 다른 사람을 죽여 주는 타살의 행위로 이어졌기 때문에, 부정관 수행법은 잠정 폐기될 수밖에 없었다. 이후 붓다가 새로이 제시한 수행법은 수식관 수행법인 아나빠나사띠(ānāpāna-sati)이다. 그러나 부정관을 배제한 수식관은 현대인이 하기에는 다소 어려운 위빠사나 행법이다. 몸과 관련된 마음이 많은 상태에서, 더욱이 온갖 잡생각에 휘둘리는 상태로는 숨을 따라가는 그 자체가 쉽지 않기 때문이다. 훗날 대승불교에 이르면 많은 종류의 대치법이 등장한다. 중생의 근기가 다양함을 인정하지 않을 수 없기 때문이리라.

명상 수행자의 근기와 업은 사람의 수만큼이나 각기 다르다. 명상 수행에 입문하는 목적과 과정도 모두 다르다. 같은 수행법이라도 명상 수행자의 입장에서는 접근하고 이해하는 차원 또한 각자 다르다. 그래서 대승경론들은 수행자의 근기에 따라 적합한 명상 수행법을 설하며 이를 대치법(對治法)이라고 하였다. '대치'란 수행자의 근기에 따라서 각자의 마음병을 다스린다는 의미이다. 대치법 중 가장 널리 사랑받는 명상 수행법이 5정심관 수행법이며, 수행자의 근기에 따라서 다르게 접근할 수 있는 다섯 가지 수행법으로 자리매김되어 왔다. 대소승 모든 불교경전을 망라하여 5정심관 수행법은 다섯 가지 마음을 대치하는 대표적인 명상 수행법으로 불렸다. 다섯 가지 마음이란 욕심, 분노, 무지, 아만, 산란이다. 부정관은 욕심을 대치하고, 자비관은 진에심(瞋恚心)을 대표하는 분노를 대치하고, 연기관은 무지를 대치하고, 계차별관은 아만을 대치하며, 수식관은 산란한 생각을 대치한다. 이는 5정심관의 정형적인 틀이라고 할 수 있다.

부정관은 욕심이 많은 사람에게 적당하다고 하지만 그 욕심은 성욕을 겨냥한 것이라고 할 수 있다. 자비관은 분노와 화의 기운이 강해서 진에심이 많은 사람에게 적당하다고 하지만 지나친 개인의 욕심이 제거되어야 가능한 명상 수행법이다. 분노와 화가 많은 사람들의 특징은 외부 경계에 대한 관심이 많다. 어찌 보면 대상에 대한 관심이 많다고 할 수 있다. 외부 경계가 자기 욕구와 상반되고 자기식의 틀에 적용되지 않기 때문에 화를 내는 것이다. 그런 사람들의 내부는 사랑을 분노의 이름으로 덮어쓰고 있기 때문에 자비관을 권장한 것이다.

부정관으로 자기 내부의 지나친 욕심과 성욕을 내려놓고 자기중심적인 틀에서 벗어난 마음의 상태가 되면 다음으로 자비관으로 이동할 수 있다. 자비관을 통하여 대상에 대한 분노와 화를 내려놓고 그 화 기운을 사랑의 마음으로 바꿀 수 있기 때문이다. 자비관은 사랑의 감성을 키워서 마음을 확장하는 대표적인 명상 수행법인데, 마음이 끝없이 넓어지는 상태에 이르면 이 세상과 세계를 바라보는 안목이 생기게 된다. 이때 가능한 수행이 바로 연기관이다. 자기중심에서 벗어나 대상이 보이기 시작하면서 나와 너는 서로 연관되어 있음이 보이기 시작하는 것이다. 그래서 연기관은 무지한 사람에게 권장되는 수행법이기도 하다. 무지의 근원은 욕심이기 때문에 부정관을 먼저 행하는 것이며, 욕심은 분노와 화를 키우기 때문에 자비관을 행하는 것이며, 그러면 마침내 마음은 너와 나의 관계에 눈뜨게 되는 것이다. 안목이 생기는 것이다. 이때 하는 명상 수행이 연기관이다. 나와 너는 관계되어 있으며, 나와 너의 관계 지점은 그 어떤 것도 존재하지 않기 때문이다. 연기관은 구체적인 수행법으로 발전하지 못하였다. 왜냐하면 마치 천칭저울처럼 양쪽이 정확히 균형 잡혀 있는 상태, 지관쌍수의 마음 상태가 되어야 연기관이 가능하기 때문이다. 나의 존재감도, 나의 생각도, 내 몸도 없어야 가능하고, 다른 한쪽의 존재감이 어느 정도 사라져야 가능한 수행이기 때문이다. 나와 너의 이치를 유식불교는 '아와 법'이라고 하였는데, 이는 주관과 객관의 문제이며 이 도리는 성자의 단계에서 알기 때문에 연기관은 대중적인 명상 수행으로는 실수되기 어려웠던 것이다. 내 생각, 네 생각을 내려놓아야 가능한 것이며, 생각으로 이루진 수많은 분별을 내려놓아야 가능한 수행이다. 그러나 이렇게 어려운 연기관일지라도 내 몸을 관찰하는 위빠사나 수행으로 한 걸음 다가갈 수 있다.

계차별관은 아만을 대치하는 수행법이라고 할 수 있는데, 몸속에 거친 업장들이 사라지면 습관적인 업의 습기만이 관찰된다. 이를 계차별관이라고 하는데, 업의 습기들은 영상지와 전생의 모습들을 기록하지는 않는다. 업의 습기는 물속 부유물이 가라앉은 상태와 비슷하여 그 요소로서만 관찰할 수 있다. 그래서 계차별관을 지·수·화·풍·공·식을 관찰하는 명상 수행법이라고 하는 것이다. 몸속 단단함의 마음과 흐르는 마음과 열기와 같은 마음과 움직임의 마음과 비어있음의 마음과 아는 마음을 위빠사나하는 것이 계차별관이다. 이는 외부의 자연에서 영향을 받은 마음이기 때문에 산하대지와 하늘, 별 등의 자연환경과 밀접히 관계되어 있다. 자연환경이 내부의 마음을 이루고 있음을 관찰하는 명상 수행법이라고 할 수 있다.

5정심관의 마지막 명상 수행법은 수식관이라고 할 수 있는데, 수식관은 앞에서 언급했듯이 생각으로 산란해지는 마음을 대치하는 명상 수행법이다. 현대의 심리치료를 위한 명상법들도 수식관을 활용하고 있으며 많은 위빠사나 명상센터와 요가 명상센터에서 수식관을 시행하고 있다. 주로 건강을 위하여 시행되고 있지만 전통의 수식관은 해탈과 열반에 이르는 수행법으로 제시된다. 수식관은 어떤 명상 수행법보다 변형이 심한 수행법이다. 초기불교는 16승행(十六勝行)의 수식관을 선보였고 아비달마불교은 수(數)·수(隨)·지(止)·관(觀)·환(還)·정(淨)이라는 여섯 체계의 수식관을 선보였으며 유식불교는 16승행과 6사(六事) 수식관을 결합하면서도 교법과의 연계를 통한 다양한 수식관을 시설하기 때문이다. 이는 수식관이 대중에게 꼭 필요하고 유익하며 접근하기 쉬운 명상 수행법이라 그랬을 것이다.

부정관

부정관 수행의 이유

붓다 당시의 대표적인 수행법은 부정관(不淨觀) 수행법이었다. 부정관은 몸관찰 위빠사나로서 4념처(四念處) 수행법 중 신념처(身念處)에 해당한다. 붓다는 제자들에게 열반에 이르고 해탈로 나아가는 길에 대하여 항상 교설하였는데, 이 길로 나아가는 수행법으로 몸관찰 위빠사나에 해당하는 신념처 중심의 4념처관을 제시하였다. 몸관찰 위빠사나의 대표적인 실수법으로는 부정관을 권장했지만, 이는 잠정 중단될 수밖에 없었다. 왜냐하면 부정관 수행에 전념한 뒤 몸에 대한 욕심이 떨어진 대덕(大德) 비구들이 자살하거나 타살되는 일이 많이 일어났기 때문이다. 이 사건은 당시에 실시되었던 부정관 중심의 몸관찰 위빠사나의 위력과 현상이 강하게 나타난 데서 비롯되었다.

당시 부정관의 폐해는 너무나 심각하였다. 붓다는 몸을 유지하고 몸을 관장하고 있는 몸속의 마음들은 거친 업들, 즉 지옥·아귀·축생의 3악도(三惡道) 업들이 작용함을 알았다. 그러기에 몸관찰 위빠사나에 속하는 부정관을 시설하면서 몸의 장기와 뼈와 관절에 이르기까지, 또 머리끝에서 발끝까지 낱낱이 관찰하라 하였다. 이에 머물지 않고 무덤가에 버려진 시체들의 부패하고 문드러지는 모습과 벌레와 짐승들이 먹고 난 시체들, 이리저리 굴러다니는 해골과 뼈들까지 관찰하라고 하였다.[1] 이는 몸에 대한 집착과 몸을 중심으로 사고하는 습성에 대한 마음의 업습(業習)을 제도하기 위한 것이었으며, 세세생생 쌓인 물질업을 철저한 몸관찰 위빠사나를 통해 제거하기 위함이었다.

그러나 붓다의 제자들은 이를 제대로 이해하지 못하였다. 제자들은 붓다의 말씀대로 몸을 하나하나 관찰하고, 시체가 썩어가는 무덤가에 앉아서 수많은 시신의 모습을 보았지만, '나도 결국 이런 모습에서 벗어나지 못하겠구나.'라며 자신의 마음을 위빠사나했던 것이다.

---

1) 초기불교는 부정관에 내신부정과 외신부정을 시설했는데, 내신부정은 서른여섯 가지의 몸 내부를 관찰하는 것이며 외신부정은 죽은 시체의 변질되는 모습을 아홉 가지로 관찰하는 것이다. 외신부정관을 훗날 9상관(九相觀)으로 정형화된다.

자신의 몸을 통과하여 위빠사나하고 외부의 시신을 통하여 심연의 마음마저 건드려지자, 자신의 마음에서 올라오는 몸의 반응과 영상과 감정들은 말로 표현할 수 없을 정도로 끔찍하였다. 몸에서는 한센병 환자처럼 피고름이 흐르고 종기가 나고 부스럼이 나타나는 현상을 경험하였으며, 자신의 목을 감고 있는 영가들의 영상들이 슬라이드 화면처럼 보였다. 감정은 '이 몸은 덧없고 더럽고 벗어나야 할 것이라고 붓다께서 말씀하셨는데 과연 그렇구나.'라고 느끼고, 마치 굴레처럼 느껴지는 몸은 벗어나야 하는 대상으로 인식되었다.

어느 날 한 전다라[2]는 부정관으로 인하여 몸의 현상과 고통이 극심하여 죽고 싶어 하는 한 비구를 만나게 된다. 이 비구는 몸의 극심한 현상을 경험하고는 몸의 부정함에 괴로워하던 차에 만난 전다라에게 자신의 목숨을 끊어주면 발우를 주겠다고 약속한다. 전다라는 비구의 발우를 받는 조건으로 부정관으로 몸의 반응에 괴로워하던 비구를 칼로 죽이게 된다. 전다라는 강가에서 피 묻은 칼을 닦으면서 청정한 비구 수행자를 죽인 것을 후회하지만, 하늘의 악령들이 나타나 그의 행위는 한 수행자를 열반에 이르게 한 것이라고 칭찬하는 소리를 듣게 된다. 이 전다라는 자신의 마음에서 울리는 악령들의 목소리에 심기일전하여 자신의 범죄를 오히려 공덕으로 여기고

---

2) 이에 대한 율전의 기록은 다르다. 전다라는 천한 일을 하는 사람을 일컫는 말인데 일설에는 범지(梵志, 브라만)라고도 하고, 물력가난제 비구라고도 하기 때문이다.

는 당시 수행처라고 할 수 있는 선방, 아란야, 나무 아래, 무덤가 등을 돌면서 멸도(滅度)에 들고 싶은 자가 있으면 자신이 죽여주겠노라 소리치며 돌아다녔다.

그러나 부정관을 열심히 수행하여, 몸에 붙어 있는 마음의 업에 시달리고 있던 많은 비구들은 전다라의 외침에 몸이 죽어야 열반을 얻을 수 있다는 착각을 일으킨다. 그래서 60명에 이르는 비구들은 이 전다라에 몸을 맡기고 죽여 달라며 줄을 서게 된다. 전다라의 칼에 한 명 한 명 비구들의 목숨은 아스라이 스러지고 강물은 피로 물들어갔다.

이뿐만이 아니었다. 당시 부정관을 닦던 많은 비구들은 목매달아 죽고, 높은 바위에 올라가 떨어져 죽고, 음독하여 자살하였다고 5부 율전은 전하고 있다. 부정관의 폐해로 인해 수많은 비구들이 목숨을 버렸다. 율전은 당시에 죽은 비구들은 수행력이 높아서 죽음에 대한 두려움이 전혀 없어서 서슴지 않고 전다라 앞에 죽여 달라고 당당히 나섰으며, 수행력이 낮은 비구들은 죽을까 봐 덜덜 떨며 오히려 방 속에 숨어 있었다고 전한다.

붓다는 이 사건으로 인해 부정관을 중심으로 하는 몸관찰 위빠사나 수행법을 잠시 접어야만 했다. 『사분율(四分律)』은 당시 단월들(재가신자)이 참혹한 현장을 목격하고는 "석씨 종단에 다시는 오지 않겠다." "자비를 표방하는 승단에서 어찌 이런 일이 있을 수 있는가?" "석씨 종단에 한 푼도 보시해서는 안 된다." 등 온갖 비방과 혐오의 말을 한 내용들을 기록하고 있다.

붓다는 고심 끝에 부정관을 잠정 중단하고 몸의 반응이 약하게 일어나는 수식관(隨息觀), 즉 아나빠나사띠를 열반과 해탈에 이르는 수행 방법으로 제시하게 된다. 이로써 부정관은 붓다의 호흡법에 그 자리를 내주었지만, 오늘날 이 수행법이 우리에게 말해주는 것은 의미심장하다.

부정관 수행법이 몸에 강렬한 반응을 일으키는 이유는 무엇일까? 다른 수행법보다 부정관 수행법이 몸의 반응과 현상을 많이 일으키는 까닭은 무엇일까? 몸과 부정관의 관계는 무엇일까? 이런 질문을 하지 않을 수 없다. 부정관은 몸관찰 위빠사나의 핵심이기 때문에 이렇게 많은 마음의 반응과 현상이 일어났던 것이다. 몸은 마음의 표면층에 해당하며 마음의 물질층을 대변하는 곳이다. 마음의 표면층은 수박 껍질과 같이 거칠고 단단하고 모양과 색깔이 분명한 층이다. 그래서 몸을 관찰하고 위빠사나하다 보면 몸속 물질의 마음들을 경험하게 된다. 지옥·아귀·축생 등 3악도의 모습을 보게 되고, 강한 관념을 위빠사나하게 되며, 거칠고 반복되는 감정들을 관찰하게 되며, 강한 업습과 고집들과 억울함들과 장애들을 위빠사나하게 된다. 그래서 몸을 통과하여 위빠사나하게 되면, 몸을 이루는 거친 마음들이 현상과 함께 나타나는데, 이 마음들은 몸속에 있는 것이지만 관찰하여 그 마음들을 보게 되면 모두 몸을 통과하여 나타난다. 붓다의 제자들처럼 몸을 관통하여 위빠사나했을 뿐인데도 물질업이 물질의 형태로 드러나 피고름이 흐르고 종기 등으로 나타나는 것이다. 마음의 물질업은 몸을 따라 나타나기 때문이다.

부정관은 붓다 당대에 수식관으로 대치되었지만 물질이 최고의 우위를 점하고 있는 현재에는 복원되어야 하는 수행법이다. 물질이 만연하고 자본이 인간보다 우위에 있으며 몸 중심의 사고와 가치가 정신을 지배하는 이 시대에는 다시 재고되어야 할 수행법이다. 물질을 보게 하고 물질에 대한 관념을 위빠사나하게 하고 물질에 의해 만들어진 몸을 관찰하게 하면서도, 근원의 마음에 도달하게 하기 때문이다. 마음에 이미 구축되어 있고 만들어져 있는 끝없는 생사윤회와 번뇌를 낳는 물질업을 무시하고 몸을 무시하면서, 마음 근원만 알고 마음의 불래불거(不來不去) 불생불멸(不生不滅) 부증불감(不增不減)만 알면 어떻게 되겠는가? 진리는 알았는지 모르지만 거친 심리는 현실에서 그대로 작용하게 된다.

불교의 수행법은 마음의 근원 자리를 아는 것을 무엇보다도 중시한다. 그러나 마음 근원의 텅 비어 있는 그 자리는 우리 근본의 불성 자리라서 우리가 수행하든 하지 않든 간에 항상 우리와 함께 한다. 다만 그 위를 덮고 있는 겹겹의 왜곡된 심리와 몸의 논리가 문제인 것이다. 붓다는 제자들에게 부정관을 통하여 몸의 논리와 물질업과 성적 까르마를 벗겨 내어 본래 자리를 알게 하고자 하였다. 그러나 붓다의 부정관 수행법은 색(色)의 물질을 공(空)의 본성과 결합하는 과정에서 색의 현상에 막혀서 좌초된 것이다. 색의 현상이 헛것임을 제대로 알지 못한 제자들의 인식 부족으로 인하여 거대한 함선인 부정관법은 침몰되었던 것이다. 그러나 물질을 통과하여 보는 공의 세계에서는 부정관을 통과한 순수 마음이 그대로 펼쳐진다. 수많은 물질의 현상은 덧없는 꿈임을 가르친다. 물질을 알면서 탐·진·치를 꿰뚫으면서 보는 공의 진실과 지혜의 참 모습은 색즉시공(色即是空) 공즉시색(空即是色)의 불이(不二) 참나를 알게 하기 때문이다. 현실이 이상이요, 내 몸이 열반이요, 번뇌가 바로 보리요, 괴로움이 참나이며, 괴로움의 실상에서 보게 하는 것이 몸관찰 위빠사이면서 부정관인 것이다.

부정관 수행법

2,500년 전에 붓다가 맨 처음으로 제자들을 가르쳤던 수행법은 부정관(不浄觀) 수행법이었다. 부정관 수행법은 몸 관찰 위빠사나의 대표적인 수행법으로서, 붓다의 최초기 수행법에 해당한다. 사캬무니 붓다는 몸이라는 물질적 측면은 늘 지혜를 가리기

때문에 몸을 먼저 관찰해야 한다며 구체적인 수행법을 제시한다. 사캬무니 붓다는 제자들에게 욕심[貪]과 화냄[瞋]과 무지[癡]의 세 가지 독한 마음으로 인하여 본래의 자성(自性)을 보지 못하게 된다고 하며, 욕심과 성욕과 직접적으로 관계되어 있는 몸 관찰을 가장 중요한 수행법으로 삼았던 것이다.

당시 몸 관찰 위빠사나가 중요했던 이유는 몸과 항상 붙어 있으면서 몸을 이루는 마음들 때문이었다. 다시 말해 몸을 유지하는 마음들은 거친 물질업을 담고 있고, 6도 윤회 중 지옥과 아귀와 축생 등 3악도 업의 분포도가 높으며, 단단한 지성(地性)의 성품들이 많아서 자신 속에 있는, 분별하지 않는 깨끗한 마음들과 지혜를 가린다고 보았기 때문이다.

그래서 붓다는 제자들에게 몸의 구성요소인 색(色)·수(受)·상(想)·행(行)·식(識), 즉 물질, 느낌, 생각, 행위, 인식작용의 5온(五蘊)은 덧없고 변화하는 것이며, 참된 자신의 본성[眞我]도 아니며, 나도 아니며 내 것도 아니며, 공(空)한 것이며, 지혜가 드러나지 않는 것이라고 강조한다.

붓다는 설법에서 몸의 부정성(不浄性)과 덧없음을 강조하였는데, 몸을 부정하라는 것이 아니라 여기에 만족하지 말라는 의미였다. 제자들에게 덧없는 몸의 실상을 실제로 알게 하기 위하여 몸을 관찰시켰던 것이다. 덧없는 몸을 관찰하게 하는 방법도 몸을 대충

관찰하는 것이 아니었다. 몸을 구성하는 모든 부분을 낱낱이 관찰하는 위빠사나의 방법을 도입한 것이다.

초기경전에서 수행자는 이 몸을 따라가면서 몸에 머물며 위빠사나해야 한다고 한다. 다시 말해, 자신의 감정이 좋든 싫든 간에 몸 전체를 따라가면서 머리부터 발끝까지 갖가지 부정물(不淨物)을 관찰해야 한다고 한다. 부정물로 설정되는 것은 머리카락, 몸의 털, 손톱, 이빨, 거칠고 미세한 피부, 살가죽, 살, 힘줄, 뼈, 심장, 콩팥, 간장, 폐장, 대장, 소장, 지라, 위장, 똥 덩어리, 뇌, 눈물, 땀, 침, 고름, 피, 기름, 골수, 쓸개즙, 소변 등이었다. 몸을 이루고 있는 피부와 털, 손톱 등만이 아니라 몸속의 장기와 뼈와 관절, 몸 밖으로 배출되는 배설물에 이르기까지 몸의 모든 것을 위빠사나의 대상으로 설정한다.[3)]

일부 학자들은 당시 인도에서 해부학이 발달되어 이렇게까지 자세하게 관찰하라고 했다지만, 5별경심소(五別境心所)인 욕(欲)·승해(勝解)·염(念)·정(定)·혜(慧)의 특별한 마음작용을 모르는 주장이었을 것이다. 특별한 마음작용은 투시력이 강하여 마음의 텅 빈 거울을 발견해 내고 이 거울은 대상을 그대로 비춘다. 별경심소는 대상을 비추어 아는 우수한 기능을 갖추고 있기 때문에, 마음속으로 파고드는 사마타[定]의 힘과 대상에 닿는 사띠[念]의 힘은 마음에

---

3) 『잡아함경』과 『중아함경』은 몸을 관찰하는 부정관의 항목들을 자세하게 기술한다.

가득 찬 물질을 비추었던 것이다. 그래서 몸 전체와 몸을 구성하는 마음들을 알았던 것이다.

물질업을 토대로 하는 몸의 마음을 알면 몸에 대한 바른 견해는 저절로 세워진다. 그런 까닭에 붓다는 제자들의 몸에 대한 집착을 떼어내기 위하여 '몸을 부정하다'고 하고 '몸을 깨끗하지 않다'고 하는 일차적 가설을 세운 것이다. 몸을 만드는 물질적 마음들은 진리를 덮어 가리고 있기 때문에, 몸을 소중하다고 여기지 말고 관찰된 몸은 허망분별의 대상이기 때문에 부정하다고 여겨야 한다고 강조한 것이다. 그러나 이는 일시적 방편이었다. 몸을 잡고 있는 인식에서 벗어나게 하기 위함이었다.

초기경전은 이런 몸의 구석구석과 하나하나의 구성물을 관찰한 후 이 몸은 깨끗하지 않음을 알아, 버리고 없애고 토해내고 바꾸는 것이 부정관의 진정한 모습이라고 설명한다. 결국 몸속 마음의 현상들을 깨끗하지 않다고 보는 관점을 부정관이라고 했던 것이다. 몸의 부정은 몸 자체를 모두 부정(不淨)하다고 보고 버리고 없애고 토해내고 바꾸는 것처럼 부인하고 거부하고 멀리하고 벗어나는 것이다. 몸을 실제로 관찰하다 보면 몸속 마음들이 발견되는데, 이 마음들은 세상 속에 더럽고 추하다고 보는 것들이 대부분이어서 부정물(不淨物)로 여기기에 충분하다. 그러나 이 또한 몸의 본질은 아님을 분명히 알아야만 한다.

몸의 부정물들을 관찰하는 부정관은 사띠와 사마타를 이용하여 몸속 마음들을 접촉하고는 이를 인정하는 것이 아니라 부정하는 것이다. 몸속 마음들은 몸을 이루는 마음들이며 물질을 만드는 마음들이기 때문에, 분명한 색깔을 지니고 분명한 형태를 지니며 분명한 생각을 지니고 분명한 분별을 지니고 분명한 자신의 정체성을 지니며 분명한 감정과 판단의식을 지닌다. 그러기에 이를 적극 부인하게 한 것이다.

마음은 수많은 외부의 물질적 마음과 연결되어 있기 때문에, 부인하고 부정하는 세상의 물질은 하나가 아니다. 그래서 부정에 대한 의식을 확대해 가면 수많은 부정물이 마음속에 투영되어 나타난다. 의식을 확대해 나가는 과정을 5별경심소는 승해(勝解) 심소라고 한다. 의식이 이미 해탈의식으로 나아가는 것이다.

이 모든 부정물들을 계속 거부하고 본래 자리로 회광반조를 거듭하는 것이 부정관인 것이다. 이러한 것들은 마음의 본질적 측면도 아니고, 진리도 아니고, 공중에 떠 있는 부유물과 같고 구름과 같고 바다의 파도와 같아서 쉽게 일어나기도 하고 쉽게 사라지기도 하여 부정하다고 여기는 것이다. 사라지지 않고 반복적으로 일어나는 부유물의 현상들은 본질이 아니기에 방편을 이용하여 사라지게 하고 없애기 때문에 부정관이라고 하는 것이다.

사캬무니 붓다는 몸의 현상을 부정해야 한다며 부정관을 가르쳤을 뿐 몸의 구체적 현상을 내려놓은 방법에 대해서는 간과하였다. 당시에 부정관을 행한 수많은 비구들은 몸에서 일어나는 마음의 부정한 현상들을 보고 '붓다가 말씀하신 것처럼 몸은 덧없다고 하더니 이게 참말이구나.' 하고는 몸의 사라짐을 열반이라고 착각하고, 자살하거나 투신하거나 발우를 주고 타인에게 죽여 달라고까지 하게 된다.

당시 부정관을 닦던 비구들의 몸의 현상은 말로 표현하기 끔찍할 정도로 심각하였다. 몸에서 피고름이 흐르고 종기가 나고, 온갖 3악도의 영상을 보고, 심각한 감정적 괴로움을 겪었던 것이다. 몸을 구성하는 마음들이 거친 업을 담고 있어서 이런 현상들이 나타낸 것인데, 몸 자체가 부정하다고 여긴 것이다.

붓다는 자자와 포살이 진행되는 날, 제자들을 둘러보았다. 아뿔싸! 자신이 눈여겨보았던, 수행력 높고 몸에 대한 집착이 많이 떨어진 대덕 비구들의 모습이 보이지 않았다. 붓다는 시자(侍者) 아난에게 그 까닭을 물었다. 그러자 아난은 여차여차해서 붓다의 부정관을 수행한 비구들이 몸의 부정성에 혐오하여 세상을 하직하고 열반에 들게 되었다고 설명한다.

당시 붓다의 고뇌에 대하여 초기경전은 기술하지 않지만, 『사분율(四分律)』『오분율(五分律)』『마하승기율(摩訶僧祇律)』 등 많은 율전들은 부정관으로 죽은 비구의 숫자를 기록하고 부정관의 폐해를 기술하고 있다. 결국 붓다는 몸관찰 위빠사나의 핵심이며, 물질업을 떼어내고 욕심과 성욕을 떼어낼 수 있고, 그 효과도 뛰어난 부정관을 잠정 폐기할 수밖에 없었다.

붓다는 부정관을 열반에 이르는 길이요, 해탈할 수 있는 방법이요, 고뇌와 감정의 시달림에서 벗어나는 길이요, 몸의 갇힘에서 풀려나는 길로 제시했지만, 붓다의 제자들은 부정관으로 인한 여러 현상을 정확히 이해하지 못했던 것이다. 많은 비구들의 죽음으로 부정관은 붓다의 대표 수행법 명칭에서 그 이름을 빼게 된다. 붓다는 몸으로 드러나는 현상이 부정관처럼 극심하지 않은 수식관을 몸관찰 위빠사나의 핵심 기법으로 대치하기 때문이다.

그러나 현대를 사는 우리는 이 부정관의 행법을 다시금 돌아보게 된다.

현대는 물질을 중심으로 의식이 펼쳐지고, 물질이 가장 중요한 경험의 중심축을 이루며, 정신보다 육체를 중시하고, 모든 감정들은 자기중심적으로 흐르며, 개아(個我)의 강한 틀로 묶인 시대이다.

강한 물질적 아(我)를 자신으로 여기며, 강한 심리로 인한 수많은 질병이 난무하는 이 시대에, 부정관은 다시 복원되어 현대인에 맞게 재편되고 실수(實修)되어야 한다. 부정관은 현대인의 다양한 심리적 문제와 육체적 질병을 해결할 수 있는, 몸관찰 위빠사나의 핵심 기법들을 모두 갖추고 있기 때문이다. 전통적인 부정관의 장기 관찰은 각각의 장기의 상태와 그 안의 마음들을 자신의 의식으로 알게 한다. 또한 몸의 생리적 현상과 몸의 구성물과의 관계와 그러한 몸을 갖게 하는 원인을 통찰하게 하고 해결한다. 실제 몸의 일정한 부분들에 사마타의 집중력으로 사띠의 의식 닿음을 계속 유지하면 몸속 마음들이 드러나게 하고는 종국에는 사라진다. 몸속 마음들이 드러날 때 마음들은 여러 가지 형태로 나타나기도 하지만, 관찰의 위빠사나를 유지하게 되면 이러한 현상들은 본연의 자성의 아니므로 바로 극복되고 부정된다. 몸관찰 위빠사나는 거친 물질업을 끊어내는 부정관으로 완성될 수 있으며, 현대인이 고통 받고 있는 여러 심리적, 육체적 문제를 해결할 수 있게 한다.

일단 눈이란 감각기관을 통하여 부정관을 실수해 보자. 먼저 눈에 의식을 집중하는 연습을 계속 하다 보면 눈의 현상이 감지된다. 눈 속의 마음이 감지되는 것이다. 어떤 사람은 눈 속에서 영상을 보기도 하고 과거의 기억을 보기도 하며 단단함의 물질을 느끼기도 하고 흐르는 물의 기운들을 느끼기도 한다. 영상과 기억과 느낌이 물질처럼 판단될 경우에는 마음으로 또 다른 물질을 상상으로 만들어 내어 드러난 영상과 기억과 느낌을 지우는 것이다. 영상은 물과 불의 도구를 만들어 지울 수 있다. 이때는 드러난 마음의 형태에 따라서 이를 없애는 다양한 방법을 강구해야 한다. 마음에서 드러난 모든 것을 사라지게 의도를 내는 것이 부정관이기 때문이다.

자비관

자비관의 유래

자비관(慈悲觀)은 대상을 향하여 무한한 사랑을 베풀고 대상의 모든 고통을 자신에게 가져와 해결하는 자비를 행하는 위빠사나이다. 자비관은 4무량심(四無量心) 수행법으로도 실천되었지만, 이 수행법이 자리 잡는 데에는 붓다 당대의 자비심에 대한 유명한 일화가 큰 역할을 하였다. 자비관의 유래는 사랑으로 목신(木神)을 감화시킨 붓다의 자비송에서 찾을 수 있다. 자비송의 내용은 『필수 자비경(必須 慈悲經, Karaṇīya Mettā Sutta)』에 기록되어 있으며, 『숫타니파타』에서도 같은 내용을 담고 있다. 붓다가 『필수 자비경』을 설하게 된 동기는 붓다고사가 쓴 주석서에 기술되어 있다. 그 내용을 잠시 살펴보자.

당시에 500명의 비구승들은 붓다가 제시한 안거(安居)의 적정처인 히말라야의 깊은 숲에 들어갔다. 신심 깊은 단월(檀越, 재가신자)들은 이 험준한 골짜기에 수행 비구들이 대거 몰려온 것을 기뻐하며 온갖 공양을 올린 후, 비구들 각자에게 오두막을 한 채씩 지어주고, 오래된 나무 그늘 아래에서 수행에 몰두할 수 있도록 여러모로 도와주었다. 그런데 오래된 나무에는 목신들이 살고 있었다. 목신들은 정진하는 비구들을 존경하여 기꺼이 자신들이 머무는 거목에서 비켜 주었다. 며칠만 머물 것이라 예상하여 흔쾌히 자신의 거처를 양보한 것이다. 비구들은 둘째 날에는 다른 마을로 탁발을 갔다. 거기에서도 단월들은 진실로 잘 받들 테니 그 마을에서 안거를 보낼 것을 요청했다. 비구들은 이를 거절하고는 총림으로 들어가 밤새워 정진하기 시작했고, 밤의 3분의 1을 거목 밑에 앉아 '여리작의'하며 보냈다. 목신들은 여러 날이 지나도 나무 아래 자리를 차지한 비구들이 떠나지 않자, 언제쯤에나 떠날지 궁금했다. 시일이 계속 흘러갈수록 목신들은 점점 화가 나기 시작하였다. 더 이상 참을 수 없었던 목신들은 마침내 자신들의 거처를 되찾기로 결심했다. 목신들은 스스로 자신의 궁전을 떠나서 여기저기 머물며 '그 존자들은 언제 가려나.' 하며 멀리서 살펴보았다. 그때 곰곰이 생각하다가 '첫 우안거를 보내려고 불가피하게 그들이 머물고 있다. 그때까지 너무

긴 시간인데, 우리들이 아이들을 데리고 다른 곳에서 살 수는 없다. 그러니 이제 우리들은 야차의 두려운 모습을 보여줘야겠다.'라고 생각하게 되었다. 그들은 수행자들을 쫓아버리기 위해 야차의 형상 등 무시무시한 모습을 나타내 보이고 끔찍한 소리를 내거나 비위를 거스르는 냄새를 피웠다. 목신들의 괴롭힘이 계속되자 비구들은 알아차림을 그만 잃어버렸다. 명상 수행은커녕 마음은 늘 목신들의 괴롭힘에 시달리고 있었다.

비구들은 안거 수행을 접을 수밖에 없었다. 그리고 바로 붓다가 계신 사왓티로 찾아가 다른 수행 장소를 정해 달라고 부탁한다. 붓다는 신통력으로 인도 전역을 두루 살펴보았지만 그들이 해탈을 이룰 만한 곳으로 그만한 곳이 없음을 아시고는 비구들에게 이르셨다. "비구들이여, 다시 그곳으로 돌아가라. 그곳에서 정진해야만 마음의 때를 지워버릴 수 있다. 두려워하지 말라. 목신들의 괴롭힘에서 벗어나고 싶거든 이 경전을 외우고 닦아라. 이는 수행의 주제일 뿐 아니라 호신주(護身呪, paritta)도 되느니라." 그러고서 붓다는 『필수자비경』을 읊었다.

> 정직하고 상냥하고 부드러우며
>
> 잘난 체하지 말아야 한다.
>
> 만족할 줄 알고 생활이 간소하며

마음이 흐트러지지 않아야 한다.

비난받을 만한 행동을 삼가며
세상을 향해 이렇게 외쳐야 한다.
살아있는 모든 것은 다 행복하라. 평안하라. 안락하라.

어떤 생명이든
강하거나 약하거나, 가까이 있거나 멀리 있거나,
태어났거나 앞으로 태어날 것이거나
살아 있는 모든 것은 다 행복하라. 평안하라. 안락하라.

남을 속여도 안 되고
경멸해서도 안 되며
화를 내어 남에게 고통을 주어서도 안 된다.

마치 어머니가 목숨 바쳐 하나뿐인 자식을 지키듯이
살아 있는 모든 것에 대해서 한량없는 자비심을 발하라.

온 세계에 무한한 자비를 행하라.
위로 아래로 옆으로

장애도 원한도 적의도 없는 무한한 자비를 행하라.

서 있을 때나 길을 갈 때나 앉아 있거나 누워 있을 때나
잠들지 않는 한 이 자비심을 굳게 가져라.
살아 있는 모든 것은 다 행복하라. 평안하라. 안락하라.

비구들은 『자비경』을 암송하면서 떠나왔던 숲으로 다시 돌아갔다. 웬일인지 비구들을 몰아내야겠다고 악의에 찼던 목신들이 오히려 깊은 공경심으로 비구들을 맞이했다. 비구의 발우를 받아 든 목신들은 비구들을 방으로 안내한 뒤 물과 음식을 대접하고 나무 아래에 앉아 수행에 전념해 달라고 하면서 자신들의 거처인 나무를 흔쾌히 양보하였다. 뿐만 아니라 목신들은 석 달의 우기 안거기간 동안 비구들이 아무런 불편이 없도록 돌보았고 모든 잡음을 막아서 조용히 정진할 수 있도록 도왔다. 우기가 끝났을 때, 500명의 비구들은 한 명도 빠짐없이 모두 아라한이 되었다.

목신들을 감화시킨 자비송의 내용들은 『숫타니파타』에도 그대로 기술되어 있다. 『숫타니파타』 제8장 자비의 경에서는 자비는 모든 존재에 대한 평화로운 마음을 갖고 착한 의도를 칭찬하는 것이라고 한다. 구체적인 덕목은 열 가지로 다음과 같이 정리할 수 있다.

첫째, 열반의 경지를 성취한 성자라면 유능하고 정직하며 양심적이고 상냥한 말씨를 쓰며 점잖고 오만하지 않는다. 『숫파니파타』에서는 열반의 경지에 든 성자만이 진정한 자비를 행할 수 있으며, 자비를 실천하는 사람은 모든 일에 유능하고, 타인을 속이지 않고, 양심을 갖추고 있으며, 거친 말씨가 아닌 부드럽고 상냥한 말씨를 쓰며, 방탕하지 않아 행동이 점잖고, 지나치게 자신을 내세우는 오만한 마음이 없다.

둘째, 어떤 것에도 만족할 줄 알고, 걱정할 만한 일을 줄이고, 생활을 간소하게 하여 짐을 덜고, 감각기관의 작용을 가라앉히고, 현명하여 거만하지 않고, 다른 가정이 가진 것을 욕심내지 않는다. 진실하게 자비를 행하는 사람은 소욕지족(少欲知足)하며 걱정을 유발하는 세상일과 생활을 간소하게 하여 마음의 짐을 줄인다. 또한 눈, 귀, 코, 입, 몸의 감각기관으로 하는 보는 일, 듣는 일, 냄새 맡는 일, 맛보는 일, 몸의 감각을 좇는 일들을 스스로 제어한다. 또한 마음이 항상 지혜로워 거만하지 않고 다른 가정과 일에 대하여 욕심을 일으키지 않는다.

셋째, 현명한 사람에게서 비난받을 만한 일을 하지 않으며, 모든 존재가 행복하고 안전하길 희망한다. 자비를 행하는 사람은 수행자와 같이 현명하고 지혜로운 사람에게서 비난받고 공격받을 일을 하지 않으며, 세상에 존재하는 모든 것들에 대하여 행복하고 안전하길 서원하고 희망한다.

넷째, 살아 있는 생명들이 모두 행복하게 살길 기원한다. 자비를 행하는 사람은 약한 것이거나 강한 것이거나 간에, 긴 것이거나 짧은 것이거나 중간 것이거나 간에, 짧은 것이거나 긴 것이거나 간에, 작은 것이거나 큰 것이거나 간에, 차별 없이 행복하게 살아갈 수 있도록 도와주고 인정해 준다.

다섯째, 살아 있는 생명들이 저마다의 모습으로 살길 기원한다. 눈이 보이는 것이거나 눈에 보이지 않는 것이거나 간에, 멀리 있는 것이거나 가까이 있는 것이거나 간에, 생명을 받은 것이거나 생명을 받으려고 하는 것이거나를 막론하고, 모든 생명이 행복한 마음으로 살길 희망한다.

여섯째, 단 한 사람일지언정 악행을 막는다. 타인을 속이려고 하는 사람이 있으면 이를 저지하고, 다른 사람을 무시하고 멸시하는 세력이 있으면 이를 저지하며, 분노와 복수심으로 다른 사람을 해치려는 사람이 있으면 이를 저지하고, 모든 악행의 마음을 돌리려고 노력한다. 정의를 위하여 행동하고 실천하는 것이 자비라고 보는 것이다.

일곱째, 모든 사람들이 살아 있는 생명체에 끝없는 따뜻하고 자애로운 마음을 갖도록 노력한다. 마치 어머니가 자기 목숨을 걸고 자신의 외자식을 돌보듯이, 모든 살아 있는 존재들에 대하여 끝없는 자비로운 마음을 갖도록 노력한다.

여덟째, 모든 방향에 존재하는 생명들과 세상에 대하여 증오심과 적대 감정 없이 있는 그대로를 인정하면서 끝없는 푸근한 마음을 갖는다. 자비를 행하는 사람은 증오하는 마음이 없어야 하며 적대적 마음이 없어야 한다. 또한 모든 대상에게 제한 없이 온 방향의 존재하는 생명에 대하여 자비로운 마음을 지닌다.

아홉째, 항상 깨어 있으면서 자비의 마음에 전념한다. 자비를 행하는 사람은 걷거나 멈추어 있거나 앉아 있거나 누워 있거나 말하고 있거나 잠자코 있거나 움직이고 있거나 고요히 있거나 간에 항상 알아차림 속에 있으면서, 모든 생명들에 대하여 사랑과 연민의 마음을 늘 실천한다.

열째, 어떠한 사견(邪見)과 편견(偏見)을 갖지 않아서 더 이상 이 세상의 모든 모태(母胎)에 들지 않는다. 자비를 실천하는 사람은 어떤 삿된 견해와 가치관을 갖지 않고, 모든 생명을 가슴으로 품고 받아들여서 덕성이 풍부하며, 세속적 영달과 인연에 이끌려서 어미의 태에 들지 않고, 영원한 생명의 지혜를 품는다.

이러한 『필수 자비경』의 내용들은 불교의 자비관의 표본이 되어서 대승의 자비관 수행법으로 발전하게 되었다.

자비관 수행법

자비관(慈悲觀)의 '자(慈)'는 사랑의 마음을 대상에게 베푸는 것을 의미하며, '비(悲)'는 연민의 마음으로 대상의 고통을 자신의 고통으로 가져오고 해결해 주는 것을 뜻한다. '관(觀)'은 위빠사나(vipassanā, 觀)를 의미하여 대상에게 사랑을 주고 고통을 해결하는 자비의 마음을 행할 때 대상을 관찰하는 것이다. 그러므로 자비관은 타인을 위하여 사랑을 실천하고 이 사랑을 구체적으로 실천하기 위하여 대상의 고난, 병, 장애 등을 해결하여 순수한 사랑의 마음이 대상에서 실현되도록 하는 것이다. 대상에게 사랑을 주고 대상의 고통을 제거하면서도 마음은 항상 대상을 보고 관찰하고, 햇빛과 같은 지혜를 대상을 향해 주기 때문에, 위빠사나의 관은 대상의 마음을 닦아주고 업장을 해탈시켜 주는 것이 된다.

그러나 자비의 마음을 갖기 위해서는 선행조건이 있다. 첫째로 자비관을 행하는 주체가 대상으로 향할 수 있는 마음을 갖추고 있어야 하며, 둘째로 순수한 자비의 마음을 대상에게 실천해야 하므로 자신 안에 있는 화와 분노의 진에심을 제거해야 한다.

명상 수행자가 대상으로 향할 수 있는 마음이 되려면 자기중심적인 몸과 마음의 업을 본 뒤 내려놓고, 물질에 가려진 물질 우위의 마음들과 기억들을 내려놓아야 한다. 자기중심적인 몸과 마음이란 마음을 배제시킨 채 몸만을 정성으로 위하는 마음이며, 자신의 몸을 위한 생각작용을 끊임없이 하는 것을 의미한다. 몸은 물질의 핵심을 이루고 물질적 지(地)·수(水)·화(火)·풍(風)의 4대(四大)로 이루어져 있어서 무겁다. 부정관법의 위빠사나를 통하여 그 무게를 줄이지 않으면 중력이 있는 이 몸을 중시하게 되어 마음이 외부 대상으로 향하게 하기 어렵다. 외부 대상과 사람에게 몸과 마음을 베푸는 것이 자심(慈心)의 출발이기 때문에, 자신의 물질업의 무거움을 위빠사나의 관법을 통하여 해결해야 순수한 사랑의 실천인 '자'를 행할 수 있다. 또한 명상 수행자는 자기중심적인 사고와 기억들을 관찰하여 내려놓아야만 진정한 '자'를 실천할 수 있다.

우리는 흔히 대상에게 사랑을 주고 자비를 베풀었다고 하지만, 순수한 사랑의 실천이 아닐 때가 많다. 대상이 원하지 않는 사랑을 대상에 적합하지 않은 자신만의 방식으로 주는 경우가 많다. 줄 때가 아니고 줄 것이 아닌데도 자신의 과거 기억에 따라 또는 잘못된 편견과 가치관에 따라 베푸는 경우가 허다하기 때문이다.

가령 자식을 위하여 돈을 주는 경우를 생각해 보자. 부모는 자녀에게 돈을 주는 것을 사랑의 자심(慈心)을 베푸는 것이라고 알고 주지만, 허랑방탕한 자녀에게 돈이란 독약과 같아서 줄 때도 아니고 줄 것은 더욱 아닌 것이다. 부모가 준 돈으로 자녀는 도박과 사기, 음주나 사행으로 더욱 빠지게 하는 계기가 되어 오히려 심신을 해치게 되기도 한다. 그래서 물질로 사랑을 베푸는 자심을 행할 때는 항상 자신이 세세생생 쌓아놓은 물질업을 보고 기억해 내어 해결하고 대상을 향하여 베풀어야 하는 것이다.

또한 자심(慈心)을 베풀 때 자신의 내면에 감춰져 있는 분노와 화의 기운들을 먼저 해결해야 한다. 이 기운들은 자칫 순수한 사랑인 양 변질되어 대상을 향하여 자신의 감정을 쏟아내는 경우가 있기 때문에 자신 안에 있는 분노와 화의 진에심을 제거해야 하는 것이다.

이러한 자비관의 선행수행이 완수되면 대상에게 반드시 필요한 사랑도 보이게 된다. 그래서 물질이 필요한 이에게는 물질을 베풀고, 도움이 필요한 이에게는 도움을 주며, 돌봄이 필요한 이에게는 돌보아 주며, 함께함이 필요한 이에게는 함께하며, 기다림이 필요한 이에게는 마냥 기다려 주며, 따뜻함이 필요한 이에게는 따뜻함을 주며, 대화와 상담이 필요한 이에게는 대화를 나누게 된다.

사랑을 주는 대상과 사랑을 향하는 방향은 헤아릴 수 없어서 불교에서는 이를 무량(無量)이라고 한다. 사랑의 자심은 무량하게 셀 수 없이 많은 대상에게 실현할 수 있다는 뜻이다. 이때의 자심을 베풀 대상은 크게는 내가 사랑하는 사람과 내가 미워하고 싫어하는 사람의 두 가지 경우이다. 우리는 항상 분별 속에서 살아간다. 좋고 싫고, 내 편이고 남의 편이며, 내 것이고 네 것이며, 옳고 그르고 등등 수많은 분별 속에서 살아간다. 그러나 자심의 마음은 친한 이건 원수이건 가리지 말고 실천하는 것이 무엇보다도 중요하며, 자신의 감정에 속지 말고 분별없이 실천해야 한다. 그래서 자심의 대상은 사람, 동물, 식물, 환경, 사회, 상황 등 다양하게 적용될 수 있다.

이 중 환경에 대한 자심의 실천을 예로 들어 보자. 자연환경에 사랑의 자심을 베풀 때는 자연과 소통하고 내 식대로가 아니라 자연의 마음을 알아서 사랑을 베풀어야 한다. 자연이 물이 필요하면 물을 주고, 자연이 공기를 필요로 하면 공기를 깨끗하게 하는 것이며, 자연이 소음을 싫어하면 소리를 줄이고 조용히 하는 것이며, 자연이 피톤치드를 주면 우리는 감사히 수용하는 것이며, 자연이 살려달라고 하면 자연을 해치지 않고 잘 살게 해주는 것이다. 이와 같이 하는 것이 자연에 대한 사랑, 자심이다. 자심은 자신만을 위하는 3악도(三惡道)의 마음을 치유하지 않으면 그 실천은 불가능하다.

자심은 무한한 시간과 방향으로도 실현되어야 한다. 무한한 시간은 과거, 현재, 미래의 연속성을 의미하며, 1시간 거리에 있는 가까운 대상뿐 아니라 2시간, 3시간 내지 지구의 시간, 우주의 시간까지로 길게 펼쳐져야 한다. 그 수많은 시간 속에 있는 모든 유정물과 무정물에게 실현해야 하는 것이다.

또한 자심은 수많은 방향으로 실현해야 한다. 동·서·남·북뿐만 아니라 시방(十方)의 모든 방향으로 실현해야 한다. 예를 들어 먼저 북쪽을 향하여 자심을 실현해 보자. 북쪽에 있는 사람들에게 사랑의 메시지를 보내고 물건을 보내고 함께하고 교류하며, 아픈 사람과 재난을 겪은 사람에게 생필품과 의류품과 의료진을 보내고, 쾌유의 마음을 전달하고, 사랑의 소리를 전달하고, '관세음보살' 염불을 보내고, 간절한 소망을 보내는 것이다. 이러한 사랑의 실현이 자심이며, 자신에 대한 사랑이 아닌 대상에 대한 사랑의 실현이다. 분별만 떼어내면 대상이 바로 나이기 때문에 나와 대상 모두 사랑의 기운으로 충만할 수 있다.

비심(悲心)은 대상의 고통을 시간과 방향을 점차 넓히며 무한대로 하여 내게 가져오고 끊임없이 해결해 주려는 마음이요, 비관(悲觀)은 발고(拔苦)의 마음을 대상을 향하여 관찰의 빛을 주면서 행하는 것이다. 관찰의 위빠사나의 빛은 대상을 관찰만 해도 그들의 고통과 업장의 마음들을 녹인다. 말없이 녹인다. 물질로 만들어진 몸이지만 그 속에는 정신인 마음이 자리 잡고 있기 때문에 사랑은 말없이 대상으로 들어가고 대상을 향하여 그들의 고통을 해결할 수 있는 힘이 있다. 위빠사나는 조건 없이 한결같이 분별없이 생각 없이 대상을 돌보고 대상과 함께 하기 때문이다.

그래서 대상의 고통을 빼오는 비심(悲心)이 비관(悲觀)이 될 때는 사랑의 마음이 나와 대상을 비추는 빛이 된다. 불교에서는 자관보다는 비관을 중시한다. 왜냐하면 모든 부처님과 보살들의 근본적 사랑의 실현은 중생의 고통을 해결하고 생사고해를 건네주는 것이라고 보았기 때문이다.

부처님과 보살의 사랑은 고통 받는 중생에게 스스로 다가가서 중생의 고통을 받으면서 해결하기 때문에 대비(大悲)라고 한다. 대비심은 불보살에게만 있는 것이 아니다. 우리의 마음에도 있기에 가까운 사람이 해를 당하고 위험에 처해 있을 때 울면서 다가간다. 그 또한 비심이다. 한 예로 지장보살은 지옥의 고통에 시달리는 중생들을 위하여 지옥의 중생이 모두 해탈하기 전에는 절대로 지옥에서 나오지 않겠다고 서원하고 지옥에 뛰어든다. 지옥업이 전혀 없는 지장보살이었기에 가능한 일이며 이미 해탈과 깨달음을 완성한 보살이기에 절대적 깨달음의 마음으로 지옥에 들어가는 것이다. 관세음보살의 대비심(大悲心)은 모든 중생의 괴로운 소리를 듣고 중생 속으로 달려간다. 관세음보살은 누군가 수라의 소리를 내면 뛰어나고 싶어 하는 수라업을 제거해 주고, 아귀의 소리를 내면 아귀의 악한 마음을 해결해 주고, 인간의 마음을 내면 인간의 분별과 생각을 제거해 주며, 축생의 마음을 내면 축생의 본능을 해결하여 지혜의 마음으로 되돌려준다. 헤아릴 수 없는 중생의 마음을, 중생 소리의 마음을 해결하고 해탈시켜 준다. 대비가 바로 이런 것이다.

이런 자심과 비심의 마음을 확대시키면 4무량심(四無量心)이 된다. 자심이 끊임없이 확대되고 비심이 끊임없이 확장되는 것이 대자비심이지만, 대상의 행복을 기원하고 행복하게 해주는 희심으로 확대될 때, 희무량심(喜無量心)이 되며, 모든 대상을 가리지 않고 평등하게 대하면 사무량심(捨無量心)이 된다. 자(慈)·비(悲)·희(喜)·사(捨)의 4무량심은 결국 자비의 또 다른 명칭이라고 할 수 있으며, 중생의 마음에서 벗어나 너와 나 모두 보살로 가는 길이라고 할 수 있겠다.

사랑의 마음을 이웃에게 실천해 보자. 이웃은 코로나로 고통 받고 있는 상태이다. 그러면 내가 실제로 봤든 아니면 뉴스를 통해서 봤든 간에 코로나의 고통의 모습을 기억 속에서 끄집어낸다. 그 상황에 대하여 기억이나 생각이 안 나면 계속 코로나의 상황을 떠올리려고 한다. 그러고 나서 고통 받고 괴로워하는 그 생명을 향하여 '옴 마니 반메 훔'이라는 자비진언을 읊조리면서 바람이 그에게 전달되듯이 보낸다. 집중하여 계속 반복하여 진언을 보낸다. 어떤 경우는 대상의 고통 받는 상황보다는 나의 괴로움과 슬픔이 먼저 올라온다. 그러면 올라온 그 감정에 진언을 보낸다. 사랑의 마음이 확장되면 코로나뿐만 아니라 고통 받는 여러 상황들이 생각난다. 그러면 그 생각이 나는 대로 그곳을 향하여 '옴 마니 반메 훔' '옴 마니 반메 훔' 진언을 보낸다. 진언이 익숙하지 않은 사람은 '건강하세요' 또는 '쾌차하소서' '나으세요' 등 자신이 잘 할 수 있는 사랑의 메시지를 만들어 대상에게 보낸다. 『자비경』의 내용대로 대상 상황에 따라서 '행복하라' '평안하라' '안락하라'라는 메시지를 만들어 보낼 수도 있다.

연기관

연기관(緣起觀)은 연기를 관찰하는 위빠사나(vipassanā) 수행법이다. 연기는 이것과 저것의 관계성을 의미한다. 다시 말해, 나와 너의 관계성, 있음과 없음의 관계성, 낮은 것과 높은 것의 관계성, 감과 옴의 관계성, 삶과 죽음의 관계성, 육체와 정신의 관계성, 같은 것과 다른 것의 관계성 등을 의미한다. 간단히 말하면, 상대적인 두 측면은 서로 연결되어 있어서 한쪽만으로는 성립할 수 없음을 뜻하는 것이다. 어느 한쪽에만 고유한 특징이 있을 수는 없다는 것이다. 종합적으로 말하면, 연기란 극단적인 양 측면은 서로 분리되지 않고 하나로 회통하고 있음을 의미한다고 하겠다. 모든 양 극단의 모습은 하나로 연결되어 있으며, 이를 불교에서는 일심(一心)이라고 하며, 중도(中道)라고도 부른다.

우리의 삶은 극단적인 모습으로 이루어져 있다고 해도 과언이 아니다. 눈으로 보이는 것이 있으면 눈으로 볼 수 없는 세계로 연결되어 있고, 귀로 들리는 것이 있으면 귀로 들을 수 없는 것들로 연결되어 있으며, 코로 냄새 맡을 수 있는 것들이 있으면 코로 냄새 맡을 수 없는 것들로 연결되어 있다. 혀로 신맛, 매운맛, 짠맛, 단맛, 쓴맛들을 맛보지만 상대적으로 감각으로 느낄 수 없는 맛들로 연결되어 있다. 몸으로 느끼고 알 수 있는 느낌들이 있지만 이 또한 느낄 수 없는 것들로 연결되어 있다. 그리고 생각으로 알 수 있는 것들이 있지만 생각으로 알 수 없는 것들이 있다.

우리 삶이 이렇게 두 가지 극단으로 이루어져 있는데, 왜 우리는 단편적인 것만 인지하고 인식할 수밖에 없는 것일까? 우리 본연의 마음은 생각으로 헤아릴 수 없이 넓고도 넓다. 우리의 진짜 본연의 마음은 시공의 제약이 없어 끝없는 허공과 같이 넓으며 한계조차 없다. 이 끝없는 마음에 순식간에 너와 나를 가르고, 물질과 정신을 가르며, 높고 낮음을 가르고, 삶과 죽음을 가르는 생각과 판단의 분별이 일어나면서 허공에 구름이 생기듯 가짜의 마음이 본연의 마음을 덮게 되는 것이다. 이 가짜의 마음은 진짜의 마음에 업장의 이름으로 자리하면서 끝없는 생사를 반복하게 하고, 본연의 비어 있는 마음과 대상을 그대로 인식하고 비추는 지혜의 마음을 가리게 된다.

연기관은 우리의 진짜 마음에 해당하는, 때 묻지 않는 청정한 마음을 알게 하는 핵심적인 위빠사나 수행법이다. 분별의 한 측면이 다른 한 측면과 연결되어 있음을 아는 위빠사나라고 할 수 있다. 그래서 연기관은, 예를 들어 분별로 갈라진 너와 너를 위빠사나를 통해 한꺼번에 보는 것이다. 이것과 저것을 동시에 보는 것이며, 손해와 이득을 동시에 보는 것이고, 길고 짧은 것을 동시에 보는 것이며, 같고 다름을 동시에 보는 것이다.

고타마 싯다르타 붓다의 대표적인 명상 수행법은 부정관(不淨觀)과 아나빠나사띠(ānāpāna-sati)라고 하는 수식관(隨息觀)을 들 수 있다. 부정관은 연기의 한 측면인 '나'를 보는 수행법이고, 수식관은 외부에서 들어오는 숨이라는 '너'를 보는 수행법이라고 할 수 있다. 연기관에 대하여 붓다는 '이것이 있으므로 저것이 있고 저것이 있으므로 이것이 있다.'는 이치로 설명할 뿐, 실제 수행법으로는 채택하지 않았다. 연기관은 진리 자체를 알게 하는 것이므로 3악도(三惡道) 업을 그대로 따라 사는 이에게 쉽지 않는 위빠사나 관법이었기 때문일 것이다.

그러나 대승불교에 이르면 수행자의 근기에 따른 다양한 수행법이 설정되기 시작한다. 탐욕이 많은 사람에게는 부정관 위빠사나 수행법을 권장해야 한다고 하며, 분노와 화가 많는 사람에게는 자비관 위빠사나 수행법을 권장해야 한다고 하며, 어리석고 아둔한 사람에게는 연기관 위빠사나 수행법을 권장해야 한다고 하며, 교만과 아만이 치성한 사람에게는 계차별관 위빠사나 수행법을 권장해야 하며, 생각이 많고 산란한 사람에게는 수식관을 권장해야 한다고 한다. 이러한 5정심관(五停心觀)의 수행법 하나하나는 수행자의 업장의 성격에 따라서 각기 수행돼야 한다고 주장한 것이다.

그러나 다른 수행법과는 달리 연기관 위빠사나 수행법의 구체적인 행법에 대해서는 기술하지 않고 있다. 연기관이 어리석고 아둔하여 무지의 마음이 많은 사람에게 적합한 수행법이라고 하지만, 무지는 근본 업에 해당하고 무명(無明)이 수행의 대상이기 때문에 쉽게 접근할 수 없어서 그랬을 것이다.

그렇다면 연기관 위빠사나 수행법은 어떻게 실천할 수 있을까? 먼저 연기관 위빠사나 수행법은 선행 수행이 있어야 쉽게 다가갈 수 있다. 선행 수행이란 몸관찰 위빠사나를 통하여 몸속에 있는 3악도 업, 다시 말해 지옥, 아귀, 축생의 업을 먼저 보고 닦아내는 것이다. 몸관찰 위빠사나는 만트라 등 소리 명상으로도 가능하다. 만트라를 계속 하면서 만트라 소리를 몸에 집중해서 실행하는 것이다. 몸의 느낌이 강렬한 곳에 집중하여 만트라 소리를 그곳에 투과하면 된다.

만트라 명상 수행 외에 참회 명상을 해도 좋다. 참회진언 '옴 살바 못자 모지 사다야 사바하'를 계속 읊조리면서 지난날 지은 일곱 가지 악업[七支惡業]을 반성하는 것이다. 일곱 가지 악업은 몸으로 짓는 살생, 투도, 사음의 세 가지 악업과 입으로 짓는 망어, 악구, 기어, 양설 등 네 가지 악업을 의미한다.

몸관찰 위빠사나를 계속 하다 보면 저절로 몸속의 3악도 업을 보게 되지만, 생각이 많은 사람들은 몸관찰 위빠사나를 계속 하기 쉽지 않다. 그럴 경우에는 참회진언을 계속 외우면서 지난날 자신이 무지해서 저지른 살생의 기억들을 떠올려 참회진언의 소리로 계속 지워나가야 한다. 참회진언을 한다 해도 마음이 일정한 순서로 열리는 것은 아니다. 알 수 없는 기억들부터 알 수 있는 기억들이 온전히 또는 변형되어 나타난다. 마음속 저장된 기록들은 새로운 기록들이 들어오면서 이숙(異熟)되기 때문이다. 분석과 판단을 배제한 채, 계속 참회진언을 하다 보면 어느덧 마음의 군더더기가 저절로 참회진언의 사마타의 힘으로 떨어져 나간다. 마음이 밝아지고 맑아지는 것이다.

거친 마음의 현상들이 몸관찰 위빠사나를 통하여 또는 참회진언을 통하여 안정되면 연기관을 진행할 수 있다. 나와 상대적인 모습의 너를 보고, 현재를 미래 및 과거와 더불어 동시에 보려고 하며, 하나를 보는 것이 아니라 넓은 것을 보려고 하는 것이다. 이것을 일상에서는 역지사지(易地思之)를 잘 하는 것이라고 할 수 있다. 우리는 하나의 단편만 생각하고 자신의 입장만 생각하고 자신만 바라보는 근본 아성(我性)을 굴리는 습성에 젖어 있다. 나와 너를 동시에 아는 연기관은 쉽지 않다. 그러나 나를 생각할 때, 너의 입장을 한번 생각해 보고 그 입장에서 보는 것을 습관화할 필요가 있다. 근본 아성이 강한 사람이 상대의 입장이 되는 것은 쉽지 않다. 대승불교 수행법의 백과사전으로 불리는 『유가사지론』에서는 연기관의 행법을 구체화시켜 다섯 가지로 설명한다. 그러나 초심의 수행자들이 이를 실천하려면 너무 어려운 방법이 나열된다. 마음을 깊이 천착해서 들어갈 수 있었던 유가사(瑜伽師)들이었기에 가능한 수행법이라고 할 수 있다.

『유가사지론』에서 설명하는 방법을 살펴보면, 도리(道理)를 알아야 한다고 한다. 색수상행식(色受想行識)의 5온(五蘊)의 도리를 먼저 알아야 한다고 한다. 또한 문자 하나에도 그 이치를 알아야 하고, 문자의 도리와 문자에 도리 없음을 알아야 한다고 한다. 이를 간단히 이해하면 다음과 같다.

우리는 생각을 한다. 생각할 때 생각을 바라보면 생각이 사라진다. 생각도 여러 가지가 있다. 문자와 같은 생각들이 있고, 형상과 이미지를 동반하는 생각들이 있으며, 감정을 동반한 생각들도 있다. 이유 있는 생각도 있고 뜬금없는 생각도 있다. 긴 생각도 있고 짧은 생각들도 있다. 생각이 일어날 때 이 생각이 생각 없는 자리에서 일어났음을 아는 것을 무념(無念)이라고 하고, 이 생각이 동반한 이미지와 영상들이 없음과 함께 함을 아는 것이 무상(無相)이라고 한다.

생각을 계속 위빠사나하다 보면 생각은 뜬구름과 같이 실체가 없다는 것을 알게 된다.

연기관은 이러한 생각의 실체와 이 생각이 실체 없는 것에서 피어나는 허상임을 보는 것이라고 할 수 있다. 몸을 보더라도 몸 없음에서 몸이 있음을 알고, 감정이 있음에서 감정 없음이 함께 함을 아는 것이다. 우리의 행동을 보아도 이러한 법칙성은 그대로 적용된다. 행동 하나하나를 그대로 위빠사나하다 보면 행동하지 않고 그 행동을 그대로 관조하는 마음을 보게 된다. 이 관조하는 마음은 무지도 없고 의도와 의지도 없고 아무 생각도 없다. 그런데도 행위는 계속 이어진다. 이 행위하는 마음들과 늘 함께 하는, 행위하지 않는 마음들을 보는 것이 연기관일 것이다. 연기관은 일어남에서 일어나지 않음을 보는 것이며, 있음에서 없음을 보는 것이라고 할 수 있다.

붓다의 최고의 진리가 연기법이었음을 생각해 볼 때, 연기관이야말로 유(有)·무(無) 합일의 무분별성(無分別性)의 체득일 것이다.

연기관은 근원적 도리를 알아가는 것이기 때문에 쉽게 접근하기 어렵다. 그러나 연기관을 현실에서 접근할 수 있는 방편의 명상 수행법이 있다. 일단 내 몸을 위빠사나하면서 연기관을 시도해 보는 것이다.

아프고 통증이 느껴지는 몸의 어떤 부분을 위빠사나해 보자. 그 부분에 집중력인 사마타의 기능을 발휘하여 계속 지켜보고 있으면,

통증이 사라진다. 그러고는 아무것도 느껴지지 않는다. 그러나 조금 더 지켜보면 몸의 다른 부분이 아프다는 느낌이 든다. 분명 위장이 아팠는데, 어깨와 다리가 아프기 시작하는 것이다. 우리 몸은 피부, 장기, 뼈, 피, 혈맥, 신경 등 수많은 것이 연결되어 있다. 우리가 살아 있는 동안 우리의 여러 마음들은 몸이라는 껍데기를 뒤집어쓰고 껍데기와 붙어 있다. 그런데 이런 마음들이 다니고 나오는 곳은 일정하지 않다. 어떤 때는 피부로 나오면서 반응을 일으키기도 하고, 어떤 때는 심장으로 배출되기도 하는 등 몸의 한곳에서만 들거나 나지 않는다.

이쪽인가 싶으면 저쪽이고, 저쪽인가 싶으면 이쪽에서 반응이 일어나고, 수없이 영상이 일어나고 현상이 일어난다. 몸속 마음이 반응하는 곳에 의식을 두고, 계속해서 관찰하다 보면 장기의 연결 관계를 알 수 있다. 몸의 느낌을 주의 깊게 살피는 위빠사나를 통해 몸의 관계성을 알고, 몸의 부분들이 고정되지 않았음을 알게 되면 그것이 몸관찰 연기법 명상 수행이 된다. 다시 말해 몸을 통한 연기관 수행이다. 몸이라는 껍데기를 투과하여 몸속에 흐르는 마음과의 관계들을 알아가는 것이다. 몸은 마음의 껍데기층에 불과하지만 몸속에는 세세생생 살면서 쌓아 놓았던 마음들이 가득 들어 있다. 그 마음들은 온갖 것과 관련되어 있다. 몸은 마음으로 연기되어 있으며 내부의 기억은 외부의 모습에 의해서 만들어짐을 알게 된다. 우리가 세속에서 배웠던 학문과 이치로는 알 수 없는 것들이다. 차츰 느낌과 감정으로 연결되어 있음을 알게 되고 그 속에 도리가 있음도 알게 된다. 좋은 일이 있으면 이전에 선업을 닦았던 기억이 연결되어 있다. 나쁜 일이 있으면 이전에 나쁜 일이 일어나도록 했던 나의 행동이 연결되어 있다. 생각이 일어나도 그 생각은 바로 무념무상과 연결되어 있음을 알게 되며, 행위가 일어나도 행위 속 깊은 마음들은 행위와 전혀 관계하지 않음을 인식하게 된다. 점차 인식 자체도 없음을 알게 된다.

붓다는 5온(五蘊)은 고(苦), 무상(無常), 무아(無我)라고 수없이 말씀하셨다. 몸의 마음들은 영혼의 자유를 구속하고 해탈을 저당 잡히기 때문에 괴로움[苦]이라고 했으며, 마음의 본질과 본성에는 어떠한 고정된 모습도 없기 때문에 무상(無常)이라고 하였다. 본질의 마음에는 나의 몸도 생각도 존재감도 없으며 내 것이라고 할 수 있는 것은 전혀 없기 때문에 무아(無我)라고 말씀하셨다. 5온은 물질, 느낌, 생각과 이미지, 행동과 의지, 판단과 인식의 다섯 가지 범주를 의미한다. 이 5온을 잘 살펴보면서 위빠사나하다 보면 온통 있는 것[有]처럼 보이고 느껴지지만 이는 반드시 없는 것[無]과 연결되어 있다. 이를 아는 것이 연기관이다. 우리는 5온을 관계해도 5온의 고, 무상, 무아를 알게 되는데 이것이 바로 5온의 연기관이다.

계차별관

계차별관 명상 수행은 5정심관(五停心觀) 수행의 하나로 아만(我慢)을 대치하는 수행법이다. 5정심관 가운데 부정관은 욕심과 성욕을 대치하여 탐욕심이 많은 사람에게 유익한 수행법이며, 자비관은 화와 분노가 자주 일어나는, 진에심이 많은 사람에게 유익한 수행법이다. 연기관은 이치에 둔한 무지한 마음이 많은 사람에게 유익한 수행법이며, 수식관은 산란하고 생각이 많은 사람에게 유익한 수행법으로 알려져 있다. 5정심관 각각이 특정한 마음을 제거하는 데는 그 이유가 있다.

초심의 명상 수행자가 몸관찰 위빠사나를 하다 보면 몸속 마음들은 부분부분 혹은 낱개로 갈라져 있고 분열되어 있는 것처럼 느껴진다. 마음의 여러 층 가운데 몸은 마음의 표면을 장식하고, 몸속에는 연결되지 않는 기억의 파편들, 연결되어 있지 않는 삶과 죽음[分段生死], 분별과 강한 자의식에 의해 분리되어 있기 때문이다. 특히 표층의 감정들은 장기들과 몸의 구성 요소들 속에 자리 잡는다. 붓다 당대에는 마음의 껍데기층에 해당하는 표면층을 벗겨내기 위하여 부정관을 통해 마음 깊숙이 들어가야 함을 강조하였다.

그러나 몸과 연결되어 있는 심층 마음의 세계로 들어가다 보면 마음들은 같은 속성들로 뭉쳐 있다. 이를 관찰하는 것이 계차별관이다. 그래서 계차별관은 사캬무니 붓다 시대에는 부정관 수행법의 하나로 설명되기도 하였다. 다시 말해 몸의 구조와 장기들, 뼈 하나하나를 관찰하고 그 속의 담겨 있는 부정물들과 부정한 악습을 제거하면, 다음으로 같은 속성끼리 뭉쳐 있는 지(地)·수(水)·화(火)·풍(風) 또는 지(地)·수(水)·화(火)·풍(風)·공(空)·식(識)이 관찰된다고 하였다. 몸속 지·수·화·풍·공을 관찰하는 것이 훗날 계차별관이란 수행법으로 독립되어 유통되었다.

계차별관의 계(界)는 한 속성과 범위를 뜻하며, 차별(差別)은 지·수·화·풍·공·식의 차이와 구분을 의미하고, 관(觀)은 위빠사나를 의미한다. 결국 계차별관은 분리되어 있는 몸속 마음을 지나서 다음에 자리하고 있는 몸속 마음인 땅의 속성[地性], 물의 속성[水性], 불의 속성[火性], 바람의 속성[風性], 허공의 속성[空性], 인지의 속성

[識性]을 관찰하는 수행이다.

계차별관은 몸 관찰 위빠사나의 하나이지만 오정심관의 네 번째 수행법으로 자리하고, 연기관의 다음 수행법으로 차례가 설정된 것은 이 속성들을 관찰하는 것이 쉽지 않기 때문이다. 수행은 사마타의 지(止)와 위빠사나의 관(觀)의 두 문(門)을 잘 운용하여 들어가는 것이기도 하지만, 생각을 중심으로 하는 기억과, 몸의 느낌을 중심으로 하는 감정의 두 문도 잘 운용해야 깊은 심리로 들어갈 수 있다.

기억을 통하여 들어가면 마음에 의해 몸을 볼 수 있으며 몸을 통하여 들어가면 몸속 마음에 간직된 기억들이 드러난다. 느낌과 감정을 통하여 들어가도 마음속 기억들이 자리하고 있으며 이를 알아차리면 그 다음은 몸에서 다시 반응한다. 기억을 통해 명상을 하든 몸을 통하여 명상을 하든 내재된 마음들이 드러난다. 명상 도중에는 알 수 없는 기억의 파편들과 강한 존재감이 수없이 일어났다 사라진다. 이는 몸으로 포장되어 있는 마음의 껍데기가 벗어지는 과정이다. 다음으로 몸의 강한 느낌을 통하여 다시 한 번 마음의 껍데기층을 치우면, 다음으로 마음의 속성들이 보이게 된다. 그래서 계관찰 단계에 이르면 니미따(nimita)라고 하는 표상들의 현상들은 보이지 않는다. 몸관찰 위빠사나를 한다 해도 영상들과 사연들이 떠오르지 않고 지·수·화·풍의 습성들만 느끼게 된다.

우리가 겪은 어떤 일을 살펴보면 기억으로 저장되어 있고 몸의 한편에도 저장되어 있음을 발견할 수 있다. A라는 어떤 사람과 싸웠다고 가정해 보자. A와 싸웠으면 마음속 기록에는 A라는 사람의 이름, 모습, 주변의 사람들, 그때의 상황, 사건의 전모, 감정들, 생각들이 남아 있게 된다. 그러나 이 모든 조건 중 마음은 단편만 저장하기도 하고, 일정한 것만 저장하기도 하고, 혹은 사건 전모보다는 당시의 감정들만 저장하기도 한다. 거칠고 센 상황들과 사연과 감정들은 주로 5관을 통과하여 저장되기 때문에 몸속 마음에서 발견된다.

이런 사건들 하나하나는 5관에서 포착된 것이지만 5관 너머의 의식은 같은 속성들을 취합하고 이를 마음속 기록장에 남기게 된다.

단단함의 속성들은 그 단단함끼리 결합하여 지성(地性)을 만들어 마음속에 간직한다. 흐르고 유연한 물과 같은 속성들은 수성(水性)을 만들어 마음속에 간직하며 따뜻하고 열기와 같은 속성들은 화성(火性)을 만들어 마음속에 간직한다. 바람과 같이 흔들리고 이동하는 속성들은 풍성(風性)을 만들어 마음속에 간직한다. 비어 있고 수용하는 마음들은 공성(空性)을 만들어 마음속에 간직한다. 사건의 순간순간을 인식하고 판단하고 분별하는 마음들은 식성(識性)을 만들어 늘 대상에 이름을 붙이려 한다. 몸의 이와 손발톱, 뼈 등의 단단한 곳들은 모두 단단함의 성품이 모여 만들어지고, 몸속 수분과 땀, 오줌 등은 물과 같이 유연하고 축축한 성품이 모여 만들어진다. 몸속 뜨거운 피의 열기와 온기 등은 불과 같은 따뜻한 성품이 모여 만들어지며, 몸속 움직이고 활동하는 기운들은 바람과 같은 움직이는 성품이 모여 만들어지고, 몸속 비어있는 공간들은 허공과 같은 비어 있는 성품이 모여 만들어진다. 늘 판단하고 생각하고 분별하고 비교하는 것은 대상을 식별하고 인식하는 성품들이 모여 만들어진다. 이러한 각각 다른 성품을 관찰하는 것이 계차별관이며, 이는 내(内)관찰 계차별관과 외(外)관찰 계차별관으로 나뉜다.

내(内)관찰 계차별관은 몸의 각 기관을 통하여 몸관찰 위빠사나를 행하고, 그다음에 부패한 시신을 통하여 마음 또는 감정관찰 위빠사나를 행하고 난 후에 실시하는 수행법이라고 할 수 있다. 위 두 가지 수행법은 부정관 위빠사나에 해당하므로 부정관을 충분히 수행하고 난 후에 몸속에 결합되어 있는 지·수·화·풍·공·식의 속성들을 보는 것이다. 알지 못한 상태에서 길들여지는 마음들을 보는 것이다.

내 계차별관은 내 몸 안에 깃들여져 있는 단단함과 축축함과 따뜻함과 움직임 등을 관찰하는 것이지만 외 계차별관은 자연환경에서 발견되는 단단함의 땅기운과 축축함의 물기운과 따뜻함의 불기운과 움직임의 바람 기운들을 느끼면서 받아들이는 것이다. 외 계차별관은 자연을 느끼고 교류하는 것이라고 할 수 있다. 그러면 외부의 자연의 지·수·화·풍·공·식의 기운들은 몸을 통과하여 마음으로 들어와 내 안에 있는 지·수·화·풍·공·식과 작용하게 된다. 특이

하게도 마음은 같은 속성끼리 부딪치면 뭉치거나 또는 소멸한다. 욕망은 둘이 부딪치면서 속성들을 키우지만 관찰의 위빠사나는 둘이 부딪치면서 소멸하게 한다.

자연에 나가서 계속 걸으면서 발바닥에 땅이 닿는 지점을 위빠사나해 보자. 그러면 같은 속성끼리 닿으면서 어떤 현상을 유발하는지 알 수 있다. 봄기운 가득한 산길을 걸어보자. 하늘은 푸르러 나를 감싸고 봄바람은 피부를 스치고 봄 햇살은 온몸을 파고드는데 나는 봄의 땅기운을 느끼면서 걷는다. 의식은 오직 발바닥과 땅이 닿는 지점에 둔다. 생각이 떠오르면 생각을 알아차려 발바닥으로 밟으면서 오직 땅과 닿은 지점에 의식을 두면서 위빠사나한다. 닿은 부분에 계속 의식을 두면서 걷다 보면 온몸에서 땅의 단단함이 느껴진다. 나의 몸의 단단함과 땅기운의 단단함이 결합되어 단단함으로 느껴진 것이다. 그러나 그것은 잠시일 뿐이다. 두 속성은 같은 것이기 때문에 계속 관찰하다 보면 단단함의 피곤은 사라진다. 관찰은 내 안의 단단함과 외부의 단단함이 부딪쳐 단단함의 기운을 사라지게 하는 마술사이기 때문이다.

지성(地性)은 단단한 것이어서 집착의 습성이 모여 있을 경우가 많지만 이미 부정관에서 단편의 마음들을 지운 상태이면 그 단단함의 느낌들만 위빠사나된다. 지성이 풀리면서 수성이 관찰되는데, 감정과 느낌들이 주로 대상성으로 감지된다. 화성은 냉기와 열기로 관찰된다. 열정이 차단되거나 감정이 차단되면 열기가 냉기로 변화하기 때문에 화성은 상대적인 두 기운을 함께 관찰해야 한다. 특히 장기라는 껍데기층 속에는 수많은 감정의 냉성과 온성이 있다. 닫히고 왜곡되어 있는 감정들은 주로 차가운 냉성으로 저장되어 있으며, 열정의 감정들은 주로 뜨거운 열성으로 저장되어 있다. 이러한 것들을 관찰하는 것이 화성 관찰이다. 몸속에서 발견되지 않고 홀연한 뜨거움, 홀연한 서늘함 등이 관찰되기도 한다.

우리 몸의 병증은 이런 차가운 감정들의 냉성에 의해서 만들어지기 때문에 계차별관의 화성 관찰은 몸 건강에 매우 중요한 위빠사나 명상 수행법이라고 할 수 있다. 일례로 몸관찰 위빠사나를 행하여 몸속에서 냉기와 화기가 관찰되면 마음의 기록 중 서운한 감정들과 외로운 감정들, 차단된 감정들, 인정받지 못한 감정들이 치유됨을 알리는 것이라고 할 수 있다.

계차별관은 지성을 중심으로 관찰되는 경우가 많으며, 지성이 풀어지면서 수성과 화성과 풍성이 관찰되기도 한다. 지성은 모든 것을 저지하고 막는 성품이 강하기 때문이다. 풍성은 자유로움과 활동성을 의미하기도 하지만 강한 의욕도 포함하고 있기 때문에 주로 움직임으로 관찰되며, 공성은 공간성으로 우리 마음에 가장 많이 점유되어 있다. 외부의 허공성들이 마음에 들어와 있기 때문이다. 외부의 허공과 비어있음이 개개인의 마음에 들어와 허공성으로 자리 잡는다. 이 허공성으로 인하여 외부 대상이 계속 저장될 수 있는 것이며, 허공성이 크기 때문에 많은 물질들이 마음에 들어와 비어있는 공간을 채우고 있는 것이다. 그래서 지성인 물질업의 습성이 관찰되면 관찰이 이를 녹이기 때문에 지성은 바로 공성화되고 이를 보는 것을 공계(空界) 위빠사나라고 한다.

식성(識性)은 지·수·화·풍의 성품 모두에 포함되어 있다. 지성에는 단단하고 고정되어 있는 식별성과 인지력이 있으며, 수성에는 유연하고 변화하는 식별성과 인지력, 화성에는 열기와 냉기의 감정적 식별성과 인지력이 있다. 풍성은 생각이 바로 행동으로 이어지는 식별성과 인지력이 작용하여, 무언가를 하려는 의욕와 행동에서 주로 발견된다. 무엇인가를 하려는 강한 욕구를 살펴보면 움직이고 작용하려는 마음을 발견하게 되는데, 주로 풍성이 꿈틀대는 것이다.

그러나 지·수·화·풍·공·식의 속성들은 고유한 성품은 있어도 몸의 껍데기층과 같이 부분부분 갈라져 있지는 않다. 지성이 바로 다른 속성들로 변화하고 사라지기도 한다. 그래서 인간의 마음 저변에 있는, 상승하려는 욕구인 아만, 교만, 이상(理想)을 치유하는 명상법이라고 하는 것이다. 또한 지·수·화·풍·공·식의 집단화된 마음들은 외부의 자연에서도 알 수 있는 마음들이기도 하다. 수많은 자연의 마음들은 이러한 지·수·화·풍·공·식의 마음을 모아서 우리에게 영향을 주기 때문이다.

수식관

붓다 시대의 수식관

수식관(數息觀)은 팔리어 아나빠나사띠(ānāpāna-sati)를 옮긴 말로 입출식염(入出息念)을 의미한다. 아나(āna)는 들어오는 숨을 의미하고, 아빠나(apāna)는 나가는 숨을 의미하며, 사띠(sati)는 마음챙김, 마음지킴 또는 대상 집중을 의미한다. 그래서 수식관은 들어오고 나가는 입출식의 숨을 의식으로 집중하면서 또는 그 현상에 대하여 마음챙김하면서 마음에서 일어나는 현상을 알아가는 수행법이다.

수식관은 붓다 당대부터 실행되었던 명상법이지만, 붓다가 처음부터 수식관을 실시한 것은 아니었다. 부정관 수행을 하던 많은 비구들이 몸의 부정적 현상에 봉착하여 자살하는 사태가 발생하자, 붓다는 새로운 수행법을 제시하였다. 그것이 바로 '아나빠나사띠'라는 수식관이었다. 부정관을 폐기하고 아나빠나사띠를 시설하게 된 계기에 대하여 『사분율』은 다음과 같이 전한다.

> 이때 세존께서 비구 승중의 수가 감소하고 명문의 대덕 비구들이 다시는 보이지 않는 것을 발견하셨다. 세존께서 (상황을) 다 알았음에도 아난에게 일부러 물으셨다. "승려들이 무슨 연고로 줄어들었느냐? 왜 여러 명문 대덕들은 지금 이 곳에 모두 보이지 않는 것이냐?"
>
> 이때 아난은 먼저 사건의 인연담을 갖추어 부처님께 아뢰었다. "세존께서 먼저 수많은 방편으로 비구들을 위하여 부정행을 설하시고 부정행을 찬탄하시고 부정행의 사유를 찬탄하셨습니다. 그러자 비구들은 듣고 나서 열심히 수행하여 몸을 싫어하게 되었고, 다른 사람에게 부탁하여 목숨을 끊은 까닭에 승려 수가 줄어들었습니다. 원컨대 세존이시여, 비구들에게 새로운 수행 방편을 만들어주셔서 마음으로써 이해하여 영원히 의혹이 없애줄 법을 설해 주소서."
>
> 부처님께서 아난에게 말씀하셨다. "지금 비구들에게 강당에 모이라고 하여라." 이에 아난은 부처님의 교령을 받들어 곧 비구들을 강당에 모이게 하였고 비구승들은 세존께서 있는 곳으로 가서 머리로 발에 예배하고 한쪽 면에 가 앉은 뒤 세존께 아뢰었다. "지금 승려들

이 모였으니, 원컨대 성인이시여, 적절한 수행 방법을 알려주십시오."

그러자 세존께서 곧바로 강당으로 나아가서 대중 가운데 앉아계시면서 비구들에게 말씀하셨다. "아나반나삼매가 있는데 적연하고 쾌락하다. 착하지 않은 법들이 생기면 곧장 소멸하고 영원히 생기지 않게 한다. 비유하면 가을 하늘에서 비가 내린 후에는 다시 먼지의 더러움이 없는 것과 같으며, 또한 큰 비는 능히 사나운 바람을 그치게 하는 것과 같다. 아나반나삼매 또한 이와 같아서 적연하고 쾌락하다. 착하지 않은 법들이 생겨나면 바로 소멸시킬 수 있다." 이때 세존께서 수많은 수행 방편법으로 비구들을 위하여 아나반나삼매를 설하시고 아나반나삼매를 찬탄하시고 아나반나삼매 닦음에 대하여 찬탄하셨다.

이와 같이 붓다 당대에 부정관의 폐해로 인하여 아나반나삼매라고 하는 수식관 수행법이 새롭게 시설되었다. 초기불교 당시의 수식관은 들숨과 날숨을 그대로 따라가는, 의도 없는 수식관이 수식관의 정형이었다. 숨을 그대로 관조하는 수식관은 후대에 이르면 16승행(十六勝行) 수식관으로 자리 잡게 되며, 대승불교에서 전격적으로 채용된다. 최초기의 수식관의 형태를 알아보자.

① 긴 입출식을 할 때에 긴 입출식함을 안다.

: 입출식의 첫째는 들숨이 길게 들어오면 이 길게 들어오는 숨을 그대로 따라가면서 인식하는 것이다. 단전호흡과 같이 의도적으로 단전에 숨을 남기는 것이 아니었다. 자신의 숨의 길이에 따라가고 그대로 인정하면서 숨의 현상만을 지켜보는 것이다. 들숨이 길면 긴 대로 날숨이 길면 긴 대로 그대로 수용하며 숨에 의한 마음을 그대로 지켜보는 것이다.

② 짧은 입출식을 할 때에 짧은 입출식함을 안다.

: 숨이 들어오고 나가는 것을 계속 따르다 보면 어떤 때는 숨이 짧아지기도 하고 미약해지기도 한다. 그러면 그러한 들숨과 날숨의 상태를 인정하고 그대로 집중을 이어가는 것이다. 들숨이 짧아지면 짧아지는 그대로를 알아차리고, 날숨이 미약해지면 어떤 의도를 내지 않고 숨을 그대로 따라가며 지켜보는 것이다.

③ 몸 전체가 느껴지며 입출식함을 안다.

: 숨을 계속 지켜보면서 숨의 길고 짧은 상태를 인식하다 보면 몸 전체의 느낌이 드러나게 된다. 무겁거나 가벼운 몸의 상태가 반복적으로 드러나는데, 이를 인식하면서 들숨과 날숨을 이어가는 것이다. 몸을 타고 있는 각종의 마음이 드러난 상태를 인식하면서 그대로 호흡하는 것이다.

④ 몸의 작용이 그치면서 입출식함을 안다.

: 몸에서 드러난 느낌을 알아차리면서 들숨과 날숨을 따라가다 보면 몸에서 일어난 느낌들은 점차 사라지고 몸의 상태가 편안하게 되는데, 이를 인식하면서 들숨과 날숨을 계속 하는 것이다.

①부터 ④에 해당하는 입출식관은 몸 관찰의 신념처(身念處)에 해당하고, 몸을 통하여 숨이 들고 나는 것처럼 느껴지는 단계의 수식관이며, 몸의 느낌들도 몸에서 일어나는 것처럼 인식된다.

⑤ 기쁨이 느껴지면서 입출식함을 안다.

: 몸의 느낌들이 드러났다 사라지면서 몸을 타고 있는 거친 업장들이 관찰의 힘으로 사라지게 되는 단계이다. 무거운 업장이 점차 사라지면서 가벼운 기쁨이 일어나게 된다. 이러한 기쁨들은 물질상태의 마음이 제거되어 마음의 감정 체계가 드러나는 것이다. 이때의 감정은 일정하지 않고 소멸성이 강하여 무상성(無常性)을 자주 감지하게 된다.

⑥ 즐거움이 느껴지면서 입출식함을 안다.

: 숨이 몸의 거친 업장 속에서 벗어나게 되면 기쁨과 즐거움을 느끼게 되는데, 기쁨은 마음이 희열로 위로 들뜨는 현상이고 즐거움은 마음이 옆으로 퍼지면서 안정감을 주는 현상이다.

⑦ 마음의 작용이 느껴지면서 입출식함을 안다.

: 들어오는 숨과 나가는 숨이 순조롭게 이어지면서 마음은 계속 자극되고 건드려지게 되어 숨결은 마음들을 계속 사마타하게 된다. 숨에 의한 사마타의 작용은 세세생생 쌓아놓은 업식을 일으켜 현상을 부르게 된다. 이러한 마음의 현상들을 알아차리면서 숨을 이어가는 것이다.

⑧ 마음의 작용이 그치면서 입출식함을 안다.

: 들숨과 날숨의 사마타가 일깨운 마음의 업장들이 하나하나 드러나면서 계속 사라지게 되는데, 지(止)와 관(觀)의 간극 폭이 점차 좁아지게 된다. 마음의 작용과 현상을 그대로 알아차리면서 들숨과 날숨을 이어가는 것이다.

⑤에서 ⑧까지의 입출식은 수념처(受念處)에 해당하며 감정으로 집지되는 마음들이 수식관의 사마타로 해결되는 과정이다.

⑨ 대상과 합일된 경지[禪]를 느끼면서 입출식함을 안다.

: 마음의 본질이 계속 나타나면서 선정의 체계 안으로 들어감을 의미한다.

⑩ 마음에 희락을 느끼면서 입출식함을 안다.

: 입출식으로 제2선과 제3선으로 들어가면서 숨에 의한 현상들이 점차 사라지고 숨의 경계가 없어지게 된다.

⑪ 마음이 대상에 일치되면서 입출식함을 안다.

: 숨과 마음의 현상이 일치하는 과정을 의미한다.

⑫ 마음의 해탈을 맛보며 입출식함을 안다.

: 업장의 마음들이 해결되면서 점차 지혜가 드러나게 된다.

⑨부터 ⑫까지의 입출식은 심념처(心念處)에 해당하며 선정을 통하여 지어진 업장이 해결되는 과정을 맛보게 된다.

⑬ 무상(無常)이 저절로 되며 입출식함을 안다.

: 현실에서 무상의 법칙을 알게 된다.

⑭ 탐욕을 여의면서 입출식함을 안다.

: 탐욕을 부르는 현실경계에 물들지 않으면서 이욕(離慾)이 저절로 이루어진다.

⑮ 소멸이 저절로 되며 입출식함을 안다.

: 생각이 일어나도 저절로 사라지면서 생각 소멸의 자리에 지혜가 항상 있게 된다.

⑯ 평등이 유지되면서 입출식함을 안다.

: 나와 대상의 불이(不二)의 지혜가 세상 어디에나 투영되고 있음을 체득하게 된다.

⑬부터 ⑯까지의 수식관은 법념처(法念處)에 해당하며 일상에서 색(色)이 공임을 늘 알아차리고 번뇌가 보리임을 인식하게 된다.

이와 같은 열여섯 가지 뛰어남을 지닌 수식관이 붓다 당시의 수식관이었다. 숨이 들어오고 나가는 현상에 마음을 집중하여 알아차릴 때, 숨이라는 사마타가 마음을 위빠사나하게 되고, 마음의 위빠사나가 업장을 녹여서, 본래 나의 진정성인 공(空), 무상(無常), 무아(無我)를 체득해 나가는 과정을 체계화시키고 있다.

아비달마의 수식관

아비달마 시대의 수식관은 붓다 시대의 초기 수식관과는 다른 형태로 전개되었는데, 여섯 가지의 단계를 밟는 6사(六事) 수식관(數息觀)이다. 붓다는 부정관을 폐기하면서 세상의 모든 고통을 달래고 마음에서 일어나는 산란한 생각을 제어하며 늘 적정한 상태의 마음을 유지하여 열반과 해탈로 나가는 길로 수식관을 제시하였다. 초기의 수식관은 4념처관(四念處觀) 중심의 수식관으로, 숨의 현상이 나타나는 몸과 함께하는 수식관, 느낌과 함께하는 수식관, 마음과 함께하는 수식관, 법과 함께하는 수식관의 16승행(十六勝行)의 수식관이었다. 16승행 수식관 가운데 법과 함께하는 수식관은 진리를 알게 하는 수식관이었으나, 일반인이 쉽게 다가가기 어려운 수식관이었다. 새로운 수식관이 등장할 필요가 있었다.

6사 수식관은 초기불교의 4념처관에 입각한 16승행 수식관과는 다른 형태의 수식관인데, 그 특징은 처음 들숨과 날숨을 쉴 때, 숫자를 붙이는 것을 새롭게 도입한 것이라고 할 수 있다.

6사 수식관의 첫 번째는 들숨과 날숨에 숫자를 붙여 수(數)를 헤아리는 수식관이다. 들숨과 날숨을 한 포인트로 잡아서 숨의 끝에 '하나'라고 숫자를 헤아리는 것이다. 숫자 하나에서 시작하여 숫자 열에 이르도록 숨 끝에 숫자를 붙이는 것이다. 숨 끝에 숫자를 붙이는 방법은 숨의 진행에 생각을 매어놓을 수 있어서 집중을 놓치지 않고 위빠사나하기에 매우 유리하다. 자신의 숨의 현상을 바라보는 수식관은 쉽게 보이지만 실상 일반인이 접근해 보면 어렵기 때문에 숨에 숫자를 붙여 헤아리는 새로운 방법이 채용된 것이다.

수식관은 한문으로 옮기면 셀 수(數) 자를 쓰는 수식관(數息觀)과 따를 수(隨) 자를 쓰는 수식관(隨息觀)이 있는데, 숨에 숫자를 붙이는 수(數) 수식관이 수식관의 정형이 되면서 수식관(數息觀)이라는 명칭이 수식관의 대표 명칭이 된 것이다. 숫자를 헤아리는 수(數) 수식관이 대중에게 많은 사랑을 받았기 때문일 것이다. 생각이 많은 사람이 숨을 따라가면서 위빠사나할 때, 숨을 바라보면서 숫자를 붙이면 생각이나 감정에 의해서 숨을 놓치는 것을 방지할 수 있어서 매우 탁월한 방법이었다.

숨에 숫자를 붙이는 것과 숨에 마음을 집중하는 것이 자연스럽게 진행되면 6사 수식관의 두 번째 수식관인 수(隨) 수식관에 진입할 수 있다. 수(隨) 수식관은 들숨과 날숨에 숫자를 붙이는 것을 그만하고 그야말로 붓다 시대의 초기 수식관과 같이 숨의 현상에만 의식이 따라가는 것이다. 숨이 길면 숨이 긴 대로 의식은 숨의 현상을 위빠사나하고, 숨이 짧으면 짧은 대로 의식은 숨의 현상만을 위빠사나하는 것이다. 의식이 숨에만 집중하다 보면 이미 저장된 마음에서 일어나는 갖가지 현상들을 만나게 된다. 그러면 다음의 지(止) 수식관에 들게 된다.

6사 수식관의 세 번째인 지(止) 수식관은 사마타(samatha) 수식관을 의미한다. 사마타 수식관은 송곳이 일정한 곳을 향하여 뚫어나가듯 한 방향을 향하여 나아가게 만든다. 그 방향은 마음에 닿게 하는 방향이 되기 때문에 숫자를 계속 헤아리거나 숨의 방향에 계속 집중하게 되면 숨은 사마타와 결합하게 된다. 지 수식관은 숨을 통하여 일정하게 마음으로 향하게 하는 과정이라고 할 수 있다. 마음으로 계속 진입하게 되는 들숨과 날숨을 지 수식관이라고 하며, 수식관으로 선정을 경험하기도 한다. 지 수식관을 통하여 초선부터 4선의 과정을 통과하게 된다.

숨의 집중이 계속되는 지(止) 수식관은 쌓여 있는 마음을 일어나게 하고 업장의 마음들을 건드리게 되는데, 무의식 속에 숨어 잠자던 해묵은 마음들이 살아 움직이는 것을 보게 만든다.

이 단계에 접어들면 6사 수식관의 네 번째인 관(觀) 수식관이라고 한다. 이미 저장된 마음들이 보이기 시작한다. 깊은 심리 속에 저장된 기억들이 보이기 시작하며, 자신이 몸으로 지었던 과거의 신업들과 말로 지었던 구업들과 행동으로 지었던 살생과 투도와 사음의 기억들이 주마등처럼 보이기 시작한다. 뿐만이 아니다. 6도 윤회하면서 지었던 다양한 축생업과 아귀업들이 보이기 시작한다. 숨의 현상들은 거의 느껴지지 않으며 평소에 알 수 없었던 마음들이 생생하게 드러나는데, 그것을 관찰하고 위빠사나하기 때문에 관(觀) 수식관이라고 하는 것이다.

관 수식관의 단계에 들면 아뢰야식의 마음이 보여지는데, 이 마음은 3계(三界), 4생(四生), 6도(六道)의 마음들을 모두 간직하는 것이라서 명상 수행 중 다양한 경험을 하게 된다. 3계 중 욕계의 마음들이 주로 드러난다. 욕심으로 살았던 경험들이 드러나게 되며, 욕심에 얽힌 인연들이 보이게 되고, 가족 인연들이 보이기 시작한다.

4생 중에는 태생(胎生)과 난생(卵生)들이 주로 보이게 되며, 태로 인하여 태어나게 된 모습들과 알로 인하여 태어났던 경험들이 보인다. 6도의 마음들은 천상부터 지옥에 이르는 경험들이 무차별의 순서로 보이게 된다.

우리 마음의 총체라고 할 수 있는 아뢰야식(阿賴耶識)은 현재 이전의 마음들을 모두 기록하고 담고 있다. 내가 했던 이번 생의 기록들뿐만 아니라 과거 전생의 기록들을 모두 담고 있다. 숫자를 헤아리는 수(數) 수식관을 하는 동안에도 현생과 과거생의 거친 기록들이 숨이라는 사마타의 기능을 통하여 일어나게 되지만, 숨만 따라가는 수(隨) 수식관에도 사마타의 기능이 있어서 거친 경험과 물질적 경험들이 드러났다가 사라진다. 지(止) 수식관은 이미 저장되어 있고 심연에서 잠자고 있던 마음의 기록들을 건드리게 되어 마음의 전체 총량을 보게 하는 관(觀) 수식관에 이르게 하는 것이다. 이때의 관(觀)은 내 마음의 총체를 보는 것이라고 할 수 있다. 순수 위빠사나라고 할 수 있다. 외부에 의해서 만들어진 내 마음의 본질을 보는 것이다.

관(觀) 수식관에 이르면 숨이라는 기재는 거의 사라진다. 숨도 또한 물질의 일부이기 때문에 숨을 통하여 마음의 세계에 진입해도 마음에서 물질계가 사라지면 자연스럽게 숨은 미약해질 수밖에 없다. 관의 주체적 마음이 객관에 의해서 만들어진 업장의 마음을 보는 것이다. 보는 마음이 보는 것이다. 이 단계에 이르면 관찰하는 주관의 마음인 지혜는 그 실체를 드러낸다. 지혜의 관(觀)은 말이 없고 의지도 없으며 마음에서 일어나는 그 어떤 현상에도 영향 받지 않으면서 대상을 묵묵히 위빠사나할 뿐이다. 진실한 지혜의 마음이 드러나게 되면, 이미 만들어진 업장의 마음은 숨길 것도 없게 되고 갇혀질 것도 없게 되며 내 것도 없게 되며, 과거의 기록들도 간직할 수 없게 된다. 다 털어낸다.

마음이 점차 사라져 깨끗한 상태가 되면 6사 수식관은 다섯 번째인 환(還) 수식관의 단계에 도달한다. 환이란 저장된 마음들이 사라지는 단계를 의미한다. 마음이 일어났다가 위빠사나하게 되면 계속 사라진다. 끝도 없고 장소도 없었던 본연인 지혜의 마음을 꽉 채운 3계, 4생, 6도의 전생의 기록들이 사라지게 되는 것이다. 환(還) 수식관은 우리의 본연의 마음인 깨끗한 자성[自性清淨心]을 되찾기 위하여 계속 위빠사나하는 회광반조(廻光返照)의 수식관이라고 할 수 있다. 지혜의 관은 계속 마음을 비추어 쓰레기 같은 업의 더미를 없애고 내려놓게 한다. 잘못된 편견과 아집과 관념을 보게 하고, 보자마자 내려놓게 한다. 업장과 위빠사나의 지혜가 붙어있어서 지혜가 있다 해도 잘 드러나지 않는데 업장이 무너지니 둘 사이에 간극이 생겨서 지혜가 확연히 드러난다.

환(還) 수식관의 과정은 숫자를 헤아리는 수(數) 수식관에서도 숨을 따라가는 수(隨) 수식관 속에서도 나타나지만 이때는 심연의 마음이 나오지는 않는다. 지(止) 수식관의 단계에 이르러야 순수 위빠사나가 뜨게 되고 이 순수 위빠사나는 객(客)이 주인공 되어 마음자리에 굳건하게 있는 주객전도의 마음들을 보게 한다. 환(還) 수식관은 주객전도의 마음들이 다 사라지는 과정이라고 할 수 있다. 나의 실체는 공(空), 무아(無我), 무상(無想)인데도 늘 내 안에 들어찬 객의 모습들이 드디어 사라진다. 본래 모습으로 돌리는 과정이 환 수식관이다.

그러면 마음이 그 본연의 자성청정심을 찾게 되는데, 6사 수식관은 이를 일러 정(浄) 수식관이라고 한다. 마지막 여섯 번째이다. 손님인데 주인 자리를 차지한 객진(客塵)의 번뇌를 다 사라지게 하니, 주인공인 무아의 청정한 마음만이 남아 있게 된다. 정(浄) 수식관은 수식관의 완성으로 숨으로 야기된 현상은 다 사라지고 위빠사나, 지혜의 마음만 있게 된다. 일심(一心)에 도달하여 주객이 일치된다.

수(數)·수(隨)·지(止)·관(觀)·환(還)·정(浄)으로 이어지는 여섯 단계의 6사 수식관은 아비달마 전통의 수식관이지만 수식관의 진행순서에 입각한 수행법이라서 현대인들이 접근하기에 탁월한 수식관이라고 할 수 있다.

유식(唯識)의 수식관

수식관(數息觀)은 빨리어 아나빠나사띠(ānāpāna-sati)의 음사어로서 들숨과 날숨의 입출식관(入出息觀)을 의미하지만, 수식관의 실행적 측면은 다양하게 발전하였다. 붓다 당시의 수식관의 정형적 형태가 있고, 붓다 멸후에 아비달마에 전수된 수식관의 형태가 있으며, 중국 등 동아시아에서 변형된 수식관의 형태가 있다. 붓다 당시의 수식관과 아비달마 시대에 유행된 수식관은 모두 자신의 숨을 통한 관찰 중심으로 전개되었다. 자신의 몸속에서 감지되는 숨과 함께 하는 마음을 중심으로 전개되었다고 할 수 있다. 수식관은 생명의 핵심에 놓여있는 숨의 기능을 사마타하여 숨으로 인하여 알 수 있는 마음의 세계에 다가간 것이며, 숨에서 작용하는 마음 너머 텅 빈 공성(空性)의 마음과 텅 빈 마음속에서 모든 것을 관조하는 본연의 마음인 지혜의 기능까지 알아간 것이다.

대승에 이르면 본연 마음인 반야지혜가 무엇보다도 중시되면서 반야지혜를 체득해 나가는 수식관이 새롭게 등장하였다. 반야지혜는 너와 나를 분별없이 비추는 무분별의 지혜라서 대상이나 외부가 나와 둘이 아님을 잘 알 수밖에 없다고 하여 중시되었다. 반야지혜의 체득은 수식관에도 적용되어 수식관을 통하여 자신의 몸뿐만 아니라 업식에 의해 묶여 있는 마음을 풀고 더 나아가서 불이(不二)의 지혜를 체득하게 체계화되었다.

반야지혜에 초점을 맞춘 대승의 수식관은 그야말로 자신 중심의 숨 관찰의 수식관의 방법을 뛰어넘어 자타불이(自他不二)의 폭넓은 수식관의 체계를 구축하였다. 그것이 바로 유식의 수식관이다.

유식불교는 마음의 심층세계에 관심을 갖고 마음 깊은 속에 자리한 내면세계로 다가가 본연의 청정한 마음을 가리는 아뢰야식(阿賴耶識)의 마음을 발견하였다. 아뢰야식의 마음은 깊고 깊은 심연에 자리 잡고 있으면서 생사(生死)를 거듭하는 마음의 주체이자 원동력이며 아집과 언어와 업장을 쌓아놓은 저장고임을 안 것이다. 이 마음은 잠자고 있는 상태라서 현실의 일에 직접 나서고 있지는 않지만, 깊은 심연에서 모든 나와 너의 마음에 영향을 주고 있음을 수행력으로 발견한 것이다. 마음을 계속 닦으면서 마음의 본질을 알려고 노력한 수행집단 유가사(瑜伽師)들은 지관(止觀) 수행법을 닦아서 잠자고 있는 마음 덩어리인 아뢰야식을 발견하였다.

이들이 기록한 수식관은 초기불교 당시의 수식관이나 아비달마불교 시대의 6사(六事) 수식관과는 다른 형태를 보이고 있다. 무엇보다도 다양한 측면으로 호흡을 관해야 온전한 지혜가 뜬다고 본다. 유가사들은 아비달마에서 호흡에 숫자를 붙이는 수(數) 수식관에 대해서 여러 방법으로 소개하고 있다. 중생들의 근기가 다르고 아뢰야식 업식(業識)의 형태가 다르기 때문에 입출식에 숫자를 붙이는 것도 같을 수 없다고 본 것이다. 생각을 그치게 하는 수식관의 과정이 쉽게 이루어지지 않는다는 사실을 누구보다도 잘 알았기 때문이다. 유가사들은 들숨과 날숨에 숫자를 붙이는 산수(算數) 수식관의 단계를 여러 방법으로 소개하는데, 수식관이 쉽게 다가갈 수 있는 수행법이 아님을 알 수 있다.

숫자를 헤아리면서 호흡을 관찰하는 것을 유식의 수식관에서는 산수 수식이라고 한다. 입식이 들어올 때 하나의 숫자를 세고 출식이 나갈 때 둘의 숫자를 세어서 열까지 완성하고 다시 반복한다. 숫자의 크기는 열을 넘지 않아야 한다. 입식에 하나, 출식에 둘이라는 숫자를 붙이며 오로지 숨에 숫자를 붙이는 연습을 계속하는 것이다. 숫자를 놓치거나 다른 숫자를 붙였을 때는 지금까지 헤아렸던 숫자를 버리고 다시 하나의 숫자를 붙이면서 천, 만, 10만, 100만에 이르도록 계속한다. 다음으로 입식과 출식을 다 마칠 때, 날숨에 하나의 숫자를 세어 준다. 숫자는 10까지 헤아린다. 생각이 많아서 숫자를 잘 놓칠 때에는 숫자를 거꾸로 세어 주는 역(逆) 산수 수식을 한다. 들숨과 날숨 끝에 10의 숫자를 붙이고 그다음에 9의 숫자를 붙여서 1의 숫자에 이를 때까지 역 산수 수식을 진행한다. 이 방법의 수식관을 진행해도 마음이 산란하여 숫자를 놓치게 되면 들숨과 날숨 끝에 2, 4, 6, 8, 10의 순서로 진행되는 곱 산수 수식의 방법을 시도한다.

유식의 수식관은 입출식에 여러 가지 순 산수, 역 산수, 곱 산수,

뺄 산수의 방법을 제시하는 것이 특징이라고 할 수 있다. 순 산수 수식은 숫자를 1부터 10까지 헤아리는 방법이지만, 역 산수 수식은 10에서 1로 거꾸로 헤아리는 산수 수식이라서 두 가지 방법은 순과 역을 함께 진행할 수 있다. 명상 수행자는 마음의 순행과 역행을 모두 바라볼 수 있다. 어떤 수행자는 순 산수 수식관을 잘 할 수 있지만 반대의 역 산수 수식관은 어려울 수 있다. 순과 역의 숫자 붙임에도 마음은 다양하게 반응하기 때문이다.

여러 가지의 산수 수식관의 방법이 잘 진행되면 들숨과 날숨의 입출식 두 번을 한 번으로 헤아려서 1에서 10까지의 숫자를 이를 수 있도록 입출식을 진행한다. 의식은 입출식에 숫자를 놓치지 않기 위하여 긴장하면서 더욱 숫자에 집중한다. 산수 수식관의 방법들은 숨의 현상에 집중하기보다는 숨에 의식을 매어놓는 것을 일차적으로 중시하기 때문에, 숨에 숫자를 붙이는 데에 여념 없게 만든다. 숫자를 놓치면 의식은 다음의 숫자를 놓치지 않기 위하여 마음을 다잡고 생각으로 인하여 숫자 놓치는 것을 주의하게 된다. 그러면서 점차 생각이 입출식 도중에 끼어들지 않게 된다. 입출식 두 번을 한 번으로 헤아리며 10에 이르게 하고 입출식 세 번을 한 번으로 헤아리며 10에 이르게 하고, 점차 입출식 열 번을 한 번으로 헤아리며 10의 숫자에 이르게 하는 승진 산수를 익힌다.

승진 산수 수식이 잘 이루어지면 숫자를 헤아리는 수식관(數息

觀)은 버리고 숨을 따라가면서 몸과 마음의 현상을 알아차리는 수식관(隨息觀)을 익힌다. 승진 산수 수식관이 잘 이루어지면 그 다음으로 숫자를 버리고 오직 호흡의 현상만을 관찰하는 것이다. 호흡이 몸을 의지하고 있으면 몸에 의지하여 일어나는 현상에 집중하고, 호흡이 마음에 의지하고 있으면 마음의 현상에 집중한다.

이때 호흡에 주의할 점은 다음과 같다. 첫째, 몸과 결합한 호흡의 현상을 알아차린다. 둘째, 몸의 통증이 심할 경우에는 호흡에 반응하는 통증 지점을 정확히 알아차린다. 셋째, 생각과 결합한 호흡의 현상을 알아차린다. 넷째, 생각이 강하게 올라오면 그 생각과 호흡의 현상의 관계를 알아차리려고 노력한다. 몸에 의지한 입출식의 수식관과 마음에 의지한 입출식의 수식관의 현상은 다르다. 몸에 의지하면 왜곡된 심리가 풀리고 마음에 의지하면 지혜가 드러난다.

이 밖에도 유식의 수식관은 5온(五蘊) 관찰 수식관, 연기(緣起) 관찰 수식관, 성제(聖諦) 관찰 수식관, 16승행(十六勝行) 관찰 수식관을 소개하고 있다. 수식관에 물질의 이치, 연기의 도리, 4성제, 4념처관의 이치를 도입하는 것이라고 할 수 있다.

5온 관찰 수식관은 색(色), 수(受), 상(想), 행(行), 식(識)을 관찰하면서 입출식에 집중하는 것이며, 아뢰야식 속에 저장되어 있는 물질적 작용을 감지하게 된다. 연기 관찰 수식관은 연기의 이법(理法)을 관찰하면서 입출식에 집중하는 것이다. 연기 관찰 수식관은 몸과 마음의 관계가 연기적 관계임을 알게 하며, 목숨과 몸의 관계가 연기적 관계임을 알게 하며, 목숨과 무지가 연기적 관계임을 알게 한다.

성제 관찰 수식관은 고(苦), 집(集), 멸(滅), 도(道)의 사성제를 관찰하면서 입출식에 집중하는 것이라고 할 수 있다. 괴로움이 일어남을 관찰하고 그 괴로움의 무상을 관찰하며, 이 몸은 생로병사에서 벗어나지 않음을 관찰한다. 이 괴로움의 실체가 탐애에 의한 것임을 알게 한다. 보이던 영상은 다 사라지고 번뇌는 자연스럽게 끊어지고 현재 찰나에 지혜의 관(觀)이 드러나게 된다.

16승행 관찰 수식관은 붓다 당대의 16승행 수식관과 같은 내용을 담고 있다. 유식의 수식관은 이를 맨 마지막의 수식관의 단계로 설정한다. 몸에서 길고 짧은 입출식을 아무런 의도 없이 관찰하는 것이 결코 쉬운 단계의 수식관이 아님을 보여주는 것이다. 16승행 수식관은 몸을 따라 느끼는 수식관이 진행되고, 감정을 실은 수식관이 진행되고, 마음의 해탈을 맛보는 수식관이 진행되며, 이욕(離欲)과 무상, 공, 해탈을 맛보면서 수식관이 진행된다.

3장

몸관찰
위빠사나 명상

위빠사나 명상은 몸 위빠사나 명상과 마음 위빠사나 명상과 자연 위빠사나 명상법으로 크게 나눌 수 있다. 이는 신·수·심·법(身·受·心·法)의 4념처관(四念處觀) 위빠사나 명상 수행법과 관계한다.

몸과 마음을 관찰하는 위빠사나는 몸의 갖가지 기능에 집중하여 마음으로 들어가는 몸관찰 위빠사나, 즉 신념처(身念處)의 방법이 있고, 느낌이 일어난 곳에 집중하는 수념처(受念處)의 방법이 있다. 그리고 생각과 심리가 일어난 곳에 집중하는 심념처(心念處)의 방법이 있으며, 몸과 마음이 대상과 부딪쳐 일어나는 반응에 집중하는 법념처(法念處)의 방법이 있다.

몸을 관통하여 몸속 마음을 관찰하는 것을 몸관찰 위빠사나 명상이라고 하며, 몸의 느낌이나 감정들을 사마타하여 감정을 관찰하는 것을 느낌관찰 위빠사나라고 한다. 생각을 사마타하여 생각을 일으키는 마음을 관찰하는 것을 마음관찰 위빠사나라고 하고, 대상과 맞닿았을 때의 몸과 마음들의 반응을 관찰하는 것을 법관찰 위빠사나라고 한다.

몸을 관찰하는 위빠사나 명상은 5관관찰 위빠사나 명상, 5장관찰 위빠사나 명상, 뼈관찰 위빠사나 명상, 관절관찰 위빠사나 명상으로 분류된다.

사람의 몸은 일기(一期)의 삶만을 유지한다. 그리고 살아 있을 때만 유지하며, 물질계에서만 나타내며, 욕심세계[欲界]에서만 나타나며, 시간과 공간에 갇히며, 전 마음 중 껍데기층에 해당하며, 정신과 연결되며, 비어있음과 연결되며, 지혜와 연결된다.

몸은 일기(一期)의 삶만을 유지하는데, 이때 '일기'는 일정한 기간을 의미하며, 목숨이 살아 있는 동안을 말한다. 목숨은 몸을 유지할 수 있는 물질업력의 한계량과 기간을 의미한다. 몸은 물질에 의해서 만들어지기 때문에 살아 있을 때만 유지할 수 있다. 죽으면 물질을 벗어나 영혼의 상태에 머무르기 때문에, 자신의 몸이라도 살아 있을 때만 사용할 수 있고 유지할 수 있다. 몸을 벗고 영혼의 상태로 있는 마음을 불교에서는 중유(中有)라고 하고 중유가 몸을 받는 것을 생유(生有)라고 한다. 생유는 몸으로 생명을 받았다는 뜻이다. 생명을 받은 몸이라는 물질은 무겁고 거칠고 장애가 많은 요소들을 지녀서 죽어서까지 가지고 갈 수 없으며, 일기의 업 인연의 끈 길이를 다 쓰게 되면 몸은 이 세상에 두고 갈 수밖에 없다.

물질계의 몸은 불교 용어로 이해하면 색(色)을 의미한다. 색은 색깔과 형태와 움직임의 동작을 의미한다. 5온 중 색온(色蘊)은 물질계 전반을 의미하며 육체의 몸을 나타낸다. 마음이 과거의 기록들을 모으고 쌓게 되면, 먼지가 쌓여서 먼지 덩어리가 되듯 과거의 기록들이 쌓여서 마음속에 물질들을 만들게 된다. 물질이 쌓이면 지·수·화·풍의 큰 요소들을 만들게 된다. 작은 물질들이 쌓이면 단단한 물질을 만들게 되며, 땅 등의 모습과 누런색 등을 만들며, 기계와 같은 일정하고 굳은 움직임 등을 만들게 된다. 작은 물질들이 유연성으로 쌓이면 흐르는 물질을 만들게 되며, 물의 모습과 다양한 색깔 등을 만들며, 제멋대로의 움직임을 만들게 된다. 작은 물질들이 에너지 형태로 쌓이게 되면 열기와 따뜻함과 붉은색 등을 만들며,

위로 올라가는 움직임과 옆으로 퍼지는 움직임을 만들게 된다. 작은 물질들이 움직임으로 쌓이면 바람과 같은 물질을 만들게 되며, 태풍·미풍·강풍·열풍의 작용을 낳는다. 이를 지성(地性)·수성(水性)·화성(火性)·풍성(風性)이라고 하며, 이는 물질의 근간을 이루는 요소이며, 네 가지 물질은 서로 섞여 있다.

몸은 이러한 지·수·화·풍의 물질로 이루어져 있어서 색깔을 띠고 형태를 갖추며 움직임의 동작을 보인다. 몸속에는 지성을 만드는 딱딱함과 굳음의 마음들이 있으며, 수성을 만드는 촉촉함과 유연함의 마음들이 있으며, 화성을 만드는 열정과 분노와 에너지의 흐름의 마음들이 있으며, 풍성을 만드는 세차게 작용하고 움직이려는 마음의 작용이 있다. 몸은 물질계로 형성되어 있는 것처럼 보이지만 그 속에는 여러 가지 형태의 마음이 있어서 가상의 몸을 만드는 것이다. 몸은 몸속의 지·수·화·풍의 속성적 성질을 추구하는 마음에 의해서 만들어진다고 할 수 있다.

육체의 몸은 욕심이 있어서만 나타날 수 있다. 욕심을 벗어나면 몸이란 육체는 만들어질 수 없으며, 강한 욕심이 있으면 강한 몸을 받으며 약한 욕심이 있으면 그에 상응하는 몸을 받는다. 그래서 우리가 말하는 건강이라는 것은 마음의 측면으로 말하면 결코 좋다고만 할 수 없다. 몸이 너무 건강하면 지성이 지나치게 많아서 유연성의 수성과 따뜻함의 화성이 약한 경우도 있기 때문이다.

욕심에 의해서 만들어진 몸이기에 몸속을 관찰하다 보면 세세생생 자신이 만들어 놓은 욕심을 만난다. 욕심은 내 소유의 마음이 일어나 나와 너를 가르는 분별을 만든다. 욕심에 의한 분별은 너와 나를 가르는 데서 일어나며, 말과 글과 이미지를 만들고, 집착을 만든다. 더 나아가 관념을 만들며, 관념은 고정된 나를 만든다.

몸은 시간과 공간에 갇히는데, 시간은 공간을 나눈 것이다. 공간은 '공(空)'과 같이 인식의 범위를 넘어 넓고 확장되어 있으며 끝없는 것이다. 이는 인식의 확장성이다. 그러나 몸에 갇히면 무한대의 공성을 좁히게 되는데, 이것이 바로 시간이다. 예를 들어 마음이 좁아지면 몸에 달린 눈은 짧은 공간성만을 보기 때문에, 시간은 무상한데도 시간을 나누고 쪼개고 쪼개서 바쁘게 산다. 인식의 확장을 가능하게 하는 공간을 놓쳐서 시간 속에 헤매는 것이다. 예를 들어 비행기가 허공을 날아서 미국까지 가는 데 10시간이 걸린다고 해도, 공간을 넓게 보는 사람은 그저 비행할 뿐 그곳에 있을 뿐이다. 허공에는 시간이 없기 때문이다. 우리는 시간에 갇혀 산다. 시간을 허공처럼 내버려 두지 못하고 허공에서 계속 뭔가를 추구하려고 시간을 만들고 시간의 노예가 되어 사는 것이 삶이라고 인식한다. 뭔가를 추구하기 위하여 몸을 계속 움직이고, 시간 속에서 몸을 매어놓고 그것을 몸으로 알고 살 뿐이다.

마음은 여러 겹으로 구성되어 있는데, 그중 몸은 마음의 껍데기층에 해당한다. 마음에는 세세생생 자신이 한 모든 작업을 담는 심연의 아뢰야식층이 있다. 이 아뢰야식을 나[我]로 알고 부여잡고 인식하는 오염층인 말나식층이 있으며, 아뢰야식이 외부 작용에 영향을 주면서 외부의 것들을 인식하는 분별층 6식층이 있다. 이 중 몸은 분별층을 담당하는 6식층에 있으며, 이는 표면의식이다. 6식층은 5식의 작용과 제6식의 작용이 있다. 5식의 작용은 다섯 가지 감각기관과 함께 하는 마음 작용이다. 눈으로 외부의 색을 보는 안식(眼識)의 작용을 의미하며, 귀로 소리를 듣는 이식(耳識)의 작용을 의미하며, 코로 냄새를 맡는 비식(鼻識)의 작용을 의미하며, 혀로 맛을 보는 설식(舌識)의 작용을 의미하며, 몸으로 외부를 접촉하는 신식(身識)의 작용을 의미한다. 제6식의 작용은 의식이 하는 일을 의미하며, 다섯 가지 안·이·비·설·신의 감각기관이 외부의 색·성·향·미·촉을 만나서 하는 모든 작용들을 통합하여 생각하고 유추하고 개념으로 인식하고 이미지화시키고 분석하는 작용을 한다. 제6식은 몸의 눈, 귀, 코, 혀, 몸뚱이가 외부와 접촉하면, 생각하고 인식하는데, 6식이 갈라서 다섯 감각기관에 영향을 준다. 뿐만 아니라 제6식이 감각기관에 붙어 있어서 이 영향으로 감각기관은 대상을 인식하며, 자신의 제6식의 깜냥으로만 인식하게 만든다. 아뢰야식이 준 정보에 의해서 개인의 각자 제6식의 활동량은 달라진다.

6식 중 인식하는 의식을 제외하고, 나머지 5식의 감각기관은 죽으면 모두 그 기능을 잃는다. 그럼에도 불구하고 우리는 감각기관의 안·이·비·설·신의 작용을 아무런 관찰 없이 그저 나라고 여기고 살고 그 작용들을 깊은 통찰 없이 받아들이고 대상을 분별하는 생각 작용을 나의 실체라고 알고 살아간다. 무지 그 자체가 아닐 수 없다. 무엇을 본다 해도 그것은 껍데기층에서 보는 것이며, 들어도 맡아도 맛보아도 대상을 접촉해도 그건 그저 껍데기층이 하는 것이며, 몸이 한다고 해도 이미 지어놓은 마음속 물질업의 하수인 자격으로 할 뿐이다.

이런 몸의 논리와 몸에 대한 생각과 몸의 한계성을 관찰하여 실체 없음을 알고 더 깊은 마음들을 알아가며 벗어나는 것을 몸관찰 위빠사나라고 한다. 이는 몸속의 마음을 알려고 그 몸으로 집중하여 들어가는 사마타에서 출발할 수 있다.

몸은 일정 기간의 삶 속에서만 지닐 수 있으며, 물질층에 불과하고 마음의 껍데기층에 불과하더라도 인간의 무한한 영혼성과 해탈과 지혜와 연결되어 소중한 것이다. 예를 들어 사과의 경우를 생각해 보자. 사과는 껍데기층만 보면 빨간색을 띠고 여러 가지 모양을 내고 있지만, 그 속으로 들어가 보면 과육이 있고 향기가 있고 씨앗이 있는 것과 같다. 사과의 표면층인 껍데기로는 사과의 진정한 맛을 보기는 어렵다. 사과의 본질은 사과 껍질 속 알맹이를 의미한다고 할 수 있는데, 그 사과 알맹이는 정신과 같은 존재이다. 껍데기가 화려하고 보기 좋다고 해도 그 속이 썩어 있으면 맛을 볼 수 없듯이 정신과 영혼은 껍데기층에 쌓여 있다 해도 그 풍부한 맛과 진실성을 지니고 있다. 사과 껍데기와 같이 몸속에 간직된 심연의 마음을 알려면 몸 집중의 사마타를 통해 마음층에 들어가야 한다. 몸의 껍데기층을 지나쳐야 드디어 우리는 자신이 지닌 영혼의 질과 과거의 행위들을 만날 수 있다.

몸의 껍데기층에 의식을 집중하여 몸 껍데기에 대고 또 대고 있으면 의식은 어느덧 심연의 마음으로 들어간다. 몸속에 투영된 마음의 모습들이 드러난다. 몸은 색의 물질계에 속하고 그 물질 속에 마음이 갇혀 있지만, 점점 물질을 보고 내려놓기를 반복하다 보면, 명상 도중에 나타나는 거친 경계들은 사라지고 물질 안의 공간성들, 즉 비어있음이 발견된다. 원래 마음은 비어있는 채로 있었던 것이며, 무한한 포용성으로 무한한 공간성으로 있었던 것이다.

물질을 계속 양산하여 마음을 무겁게 하는데도 불구하고 눈·귀·코·혀·몸뚱이의 작용을 통하여 이를 나로 알고 분별하고 이미지화하고 생각하는 그 자체를 알아야 한다. 이에 초점을 맞추어 사마타하고 그 속에 자리 잡은 외연의 군더더기를 다시 말해 밖에서 들어온 객진(客塵) 번뇌를 떨어내는 것이 몸관찰 위빠사나인 것이다.

그러기 위해서는 몸에 붙어 있는 각종 기관과 장기와 뼈와 살 등에 낱낱이 들어가 살펴보아야 하며, 그 속에 있는 과거의 행위들과 개념들을 떨어내고 비움, 여유, 공간, 자유로움, 수용성들을 되찾아야 한다.

몸이 물질층이며, 마음의 껍데기층이며, 욕심과 분노와 무지에 가려져 있는 층이며, 좁혀진 시간과 공간에 매여 있는 층이라고 해도 몸은 여전히 소중하다. 물질이기에 소중한 것이 아니라 욕심의 하수인인 게 소중한 것이 아니라, 그 속으로 들어가 보면, 모든 것을 관조하고 나와 너를 나누지 않으며, 모든 것을 수용하더라도 물들지 않는 지혜의 빛이 있기 때문이다. 지혜는 물질의 몸과 허공의 공성 모두를 비추고 이를 조화롭게 만든다. 지혜는 몸과 정신을 모두 비추고 어느 것 하나를 더 중히 여기지 않는다. 공성만을 인정하는 것도 아니고 물질의 편협성만을 좋다고 하지도 않는다. 생각으로 인식하지도 않고 형광등 불빛처럼 물질만을 비추지도 않는다. 모든 것을 알되 분별이 없어서 안다고 하지도 않는다. 그게 과연 무엇일까?

수천 년 역사의 흐름 속에 인류의 가장 큰 발견은 이 지혜가 인간의 마음속에 있다는 것을 깨우친 것이다. 이 지혜는 내 속에도, 너 속에도, 물질 속에도, 마음의 정신과 영혼 속에도, 괴로움 속에서도 즐거움 속에서도, 생사를 반복하는 윤회의 과정 속에서도 늘 있었는데, 늘 모든 것과 함께 있었을 뿐이다. 그 실체 없이 분별없이 언어와 문자의 표현 없이.

과연 우리는 계속된 물질적 삶 속에서 이러한 진리의 화신인 지혜를 모르고 갈 것인가?

우리의 명상 수행은 이 지혜를 아는 것을 목표로 하며, 몸을 통과하여 색을 통과하여 물질을 통과하여 물질과 공성을 함께 비추는 자유로운 지혜의 마음을 아는 데 있다.

몸관찰 위빠사나는 몸에 집중의 사마타를 적용하여 몸에 집중하여 몸속에 있는 마음들을 관찰하는 것을 의미하지만 결국에는 공성과 지혜를 아는 것이다. 공성과 지혜에 도달하는 것이다.

몸관찰 위빠사나는 5정심관 중 부정관과 깊이 관련되어 있다. 부정관은 몸을 이루는 마음을 보는 몸관찰 위빠사나이기 때문이다. 몸을 이루는 마음은 윤회하면서 쌓아놓은 물질층의 마음들이며, 마음의 껍데기층에 해당하고, 굳고 딱딱한 마음층에 해당하고, 좁은 시간과 공간에 의해서 만들어지는 층에 해당하기 때문에 명상 수행은 할 일이 많다. 먼저 더 넓은 인식의 범위를 위하여 마음의 확장성을 담보하기 위하여 몸을 부정한 명상 수행법인 부정관을 실수해야 한다. 부정관은 불교 명상의 대표적인 수행법으로 물질층의 마음은 해탈하는데, 큰 장애가 된다고 하여 이를 깨끗하지 않다고 보고 부정(不定), 부정(不浄), 부정(否定)한다.

특히 몸의 각각의 장기들과 요소들을 관찰하다 보면 물질층의 몸에서 여러 가지 현상과 반응이 나타나는데, 이를 부정하다고 여기고 없애는 것을 부정관이라고 한다.

5관관찰 위빠사나 명상

눈관찰 위빠사나

눈의 마음을 관찰하는 위빠사나 명상은 마음과 결합되어 있는 전5식(前五識)을 관찰하는 것이라고 할 수 있다. 다섯 가지 감각기관에 의해서 외부의 대상들이 일차적으로 마음으로 들어오기 때문에 전초적, 즉 앞선 인식인 전5식이라고 한다. 눈은 객관의 대상 중 색깔과 형태와 동작을 인식하는 마음과 접해 있어서 주로 물질과 관계된 마음 저장고의 내용들을 관찰할 수 있다. 5관 중에서 눈은 외부와 관여하는 일차적인 기능이면서 외부의 모양을 감지한다. 눈은 물질 표면의 색깔과 모습과 동작들, 길고 짧은 등의 거리 등을 본다. 물질의 형상에 집착하는 사람들은 다른 감각기관보다

눈의 활동을 많이 하기 때문에 눈이 다른 감각기관보다 피곤하고 무겁고 딱딱하다. 눈의 피곤성, 움직임, 딱딱함에 의식을 대는 집중을 통하여 눈의 마음이 드러나게 하는 것을 눈관찰 위빠사나 명상이라고 한다.

눈 속 마음은 대상을 보면서도 인식하기 때문에 눈관찰 위빠사나 명상에는 눈을 뜨고 대상을 보는 점관찰 위빠사나 명상법과 촛불관찰 위빠사나 명상법들이 포함된다.

점관찰 위빠사나 명상법은 눈을 뜨고 점만 바라보는 점관을 의미하며, 외부에 놓여 있는 점만 계속 바라만 보아도 자신의 눈 속에 있는 지성의 딱딱함 마음들이 드러난다. 지성의 딱딱한 마음들은 물질을 집지하고 집착했던 결과물들이며 물질에 대한 욕심들이라고 할 수 있다. 눈으로 외부의 점이라는 고정물을 관찰함으로써 눈 속에 연결된 마음의 물질의 형상과 욕심을 관찰할 수 있다. 이를 점 명상 위빠사나라고 한다.

촛불관찰 위빠사나 명상은 마음속 물질의 강력해진 세력들을 녹이는 데에 효과가 뛰어나다. 외부에 놓인 촛불을 향하여 의식집중을 계속하면 눈 속 마음과 닿게 되며, 뭉침과 외면과 불쾌와 분노의 마음들이 드러나게 되어, 차가운 물질적 마음들을 관찰할 수 있다. 촛불은 따뜻함의 성품을 지니고 있어서 이 따뜻함은 마음에서 드러난 여러 현상을 녹인다. 촛불만 바라보면서도 가능하다. 촛불의 따뜻함은 내 몸속 마음으로 들어가고 계속 촛불을 바라보는 사마타의 힘은 내 안에 뭉쳐 있는 감정의 덩어리를 녹이고 해체시킨다. 그저 촛불을 바라보기만 했는데도 많은 감정들이 드러났다가 촛불의 따뜻함으로 사라진다.

일정한 색깔을 보는 컬러관찰 위빠사나 명상을 통하여 물질의 다양한 형태와 색을 향한 욕심과 현재 드러난 바라고 추구하는 마음들을 관찰할 수 있다. 컬러관찰 위빠사나 명상은 눈앞에 노란색 또는 각종 컬러를 놓고 그것을 계속 직시하는 명상이다. 실외에서도 가능한 명상 기법이다. 눈이 오는 날 눈의 하얀 색을 계속 직시하고 있었다면 이 또한 컬러 명상법이다. 태양을 보는 빛관찰 위빠사나 명상을 통하여 물질 욕심의 뭉침을 관찰하여 녹일 수 있으며, 물질로 된 육체의 긴장을 이완시켜 새로운 대상과 폭넓은 대상에게 마음 쓰임을 가능하게 할 수 있다.

태양 명상은 누구에게나 유익하고 필요한 명상법이다. 특히 현대인은 자기 중심으로만 관계하고 외부의 환경과는 잘 교류하지 않는 물질우위의 사회에 살고 있다. 그런 현대인에게는 늘 에너지를 주고 빛을 주는 따뜻한 태양 명상이 매우 유익하다. 햇빛 좋은 날 밖에 나가서 햇빛의 존재를 느끼고 몸으로 햇빛을 받아들이고 걸으면서 햇빛이 등을 비추고 있음을 알아차리기만 해도 태양 명상이 된다. 태양 명상을 집중적으로 하려면 빛 좋은 곳에 앉아서 빛이 몸의 일정한 부분에 닿게 하여 그 부분에 의식을 둔다. 엄청난 현상을 경험할 수 도 있다. 그러나 직시하고 알아차리기만 하면 현상은 이내 사라진다.

귀관찰 위빠사나

귀와 결합하는 명상은 소리를 들으면서 귀의 마음을 위빠사나하는 것이다. 소리는 마음으로 하여금 더 넓은 세계와 결합시키고 시간과 공간성을 초월하게 하는 특성을 지니고 있어서 소리에 집중하면 물질을 보는 눈의 마음보다 더 넓은 내면의 마음으로 들어갈 수 있다. 특히 자신의 세계관을 넓힐 수 있다. 소리를 이용하는 귀 위빠사나 명상은 만트라와 자연의 물소리, 새소리, 바람 소리를 통하여 마음이 일어나는 것을 관찰하는 것이며, 염불 소리도 귀관찰 위빠사나에 포함되며, 음악 명상도 귀 위빠사나 명상에 포함된다.

소리 위빠사나 명상 중 만트라 위빠사나는 만트라만의 고유한 음파와 파장, 신비성, 진리를 함축하고 있어서, 명상 수행자의 성향과 업장과 질병에 따라서 만트라를 선택할 수 있다. 각종의 만트라는 개개인의 마음을 보게끔 한다. 자비 만트라는 사랑의 마음을 키우고 심장병을 치료하고, 감정과 느낌을 순화하는 데 탁월하고, 청정 만트라는 각종 질병 특히 위장병과 대장병에 효과적이며 굳은 몸을 이완시키고, 소리와 관련된 업장을 소멸시키고, 욕심과 생각을 끊는 데에 탁월하다. 대다라니 만트라는 깊은 업장을 끌어올리고 총체적인 몸과 마음을 건드려 큰 신심을 내는 데 탁월한 측면이 있다. 참회 만트라는 간장병과 신장병에 효과적이며, 자신의 삶을 돌아보게 하고 외부로 향하여 진심 내던 것을 돌려 내부로 향하게 하여 자신의 죄를 뉘우치게 하는 데에 탁월하다. 각성 만트라는 머리병에 효과적이며 진리에 대한 탐구심과 참 자아에 대한 참구심을 키우는 데에 탁월하다.

자연의 물소리는 대상과 소통하는 마음을 키우는 데에 효과적이며, 몸과 마음의 피로해소와 생명과 활력을 불어넣는 데에 탁월하여, 굳어지고 닫힌 마음을 유연하게 하고 융통성 있게 만든다. 자연의 새소리는 시끄러움을 싫어하는 마음과 말소리를 싫어하는 마음을 관찰하게 하고, 세상살이에 대한 편견을 없애는 데에 탁월하다. 바람 소리는 물질과 육체의 욕심을 날려 보내는 데 탁월한 반면 마음에 무거움이 많으면 간혹 어지러움 증상을 동반하기도 한다.

이와 같이 귀관찰 위빠사나는 5관관찰 명상법 중 가장 많은 명상법이 있다. 일상의 소리를 관찰하면 모두 위빠사나 명상으로 전환되기 때문이다. 엄마의 잔소리도 명상이라고 여기고 계속 듣고 있자면 잔소리 명상법으로 전환되며, 싫은 소리도 명상이라고 작정하고 들으면 내 안의 싫은 소리에 대한 마음 작용을 알 수 있다. 우리는 생활 속에서 여러 소리에 접하는데 특히 사람과 동물의 소리와 자연의 각종 소리들이 마음을 건드리는 그 자체가 사마타인 것이다.

코관찰 위빠사나

감각기관인 코로 하는 명상은 일정한 냄새를 맡을 때 자신의 마음들을 관찰하는 것이다. 냄새를 맡는 코는 빨리 대상과 동화되므로 이를 지속적으로 알아차리는 것은 쉽지 않다. 그래서 지속적인 위빠사나 명상법으로 채용하기에 어려운 면이 많지만, 불가능한 것은 아니다. 특정한 냄새를 거부하고 싫어하고 혹은 좋아하는 마음의 상태를 인지하면서 위빠사나할 수 있다. 냄새 위빠사나 명상은 호흡을 관하는 수식관으로 대치할 수도 있다.

냄새는 관념을 깨는 데에 탁월하며, 숨을 코뿐만 아니라 온몸으로 느끼게 되면 크고 작은 관념에서 해탈하게 된다.

일상에서 냄새 관찰 위빠사나는 자신이 싫어하거나 좋아하는 냄새를 감지할 때 행할 수 있다. 어떤 사람은 냄새를 없애기 위하여 청소하고, 어떤 사람은 지저분한 것을 치우기 위하여 청소하고, 어떤 사람은 정리정돈을 위하여 청소하고, 어떤 사람은 깨끗해야 한다는 관념에 의해서 청소하기도 한다. 이렇듯 청소 하나만 놓고 보아도 청소하는 목적은 사람마다 모두 다르다. 그렇기 때문에 냄새에 민감한 사람은 그와 상응하여 일정한 냄새의 싫고 좋음을 관찰하는 명상이 필요하다. 역겨워하는 냄새를 감지하여 거부하는 것도 그 안에 마음이 자리 잡고 있기 때문이다. 비린 냄새는 폐 안에 관념의 마음이 작용하게 할 수 있고, 달콤한 냄새는 위 안에 관념이 작용하게 하며, 물질이 타는 냄새는 신장 안의 관념을 자극하기도 하며, 향기와 관련된 냄새는 피부를 자극하기도 하고 일정한 감정을 일으키기도 한다. 요즘은 향수 테라피라고 하여 일정한 향기를 내뿜는 아로마 향기로 기분을 전환시키기도 하는데 모두 냄새가 마음에 영향을 주기 때문이다.

무엇보다도 어떤 일정한 냄새를 거부하거나 취하려고 한다면 이는 마음과 관련되어 있으므로 생활 속에서 이를 감지하면서 집중할 필요가 있다.

혀관찰 위빠사나

감각기관 혀로 하는 위빠사나 명상은 5미 즉 단맛, 짠맛, 신맛, 쓴맛, 매운맛을 느끼면서 관찰하는 것이며, 주로 음식을 먹을 때 관찰해야 한다. 하늘의 기운은 바람, 열, 축축함, 건조함, 차가움의 5기(五氣)를 관장하며, 땅의 기운은 쓰고 맵고 달고 신고 짠 5미(五味)를 관장하기 때문에 다섯 가지 맛은 몸의 단단함의 지성(地性)을 만드는 결정적인 역할을 한다.

단맛은 욕심의 지성을 일으키며, 짠맛은 고정관념의 지성과 관계하고 저장의식을 강하게 하며, 신맛은 융통성과 제멋대로의 마음의 지성을 강하게 하며, 쓴맛은 인내와 받아들임의 지성을 강하게 하며, 매운맛은 들뜸의 지성을 강하게 한다. 신맛은 간장으로 들어가고, 매운맛은 폐장으로 들어가고, 쓴맛은 심장으로 들어가고, 단맛은 비장으로 들어가고, 짠맛은 신장으로 들어가고, 담백한 맛은 위장으로 들어간다. 바람은 부드러운 목의 기운을 낳고 목의 기운은 신맛을 내고 간에 좋은 영향을 주지만 매운맛은 간에 나쁜 영향을 준다. 간은 근육을 만드는 데 결정적 역할을 하기 때문에 근육과 간은 신맛과 매운맛에 의해서 호불호의 영향을 받는다. 심장은 쓴맛과 짠맛에 호불호의 영향을 받는다. 비장은 단맛과 신맛에 의해서 호불호가 갈리며, 신장은 쓴맛과 단맛을 조절해야 하며, 폐장은 매운맛과 쓴맛을 조절해야 한다.

곡식류는 장부에 영양을 공급하고 과일은 장부의 영양을 도우며 고기류는 장부의 힘을 강하게 하고, 채소들을 장부의 움직임을 돕는다. 이에 따뜻하고 차가운 등의 하늘의 오기의 기운과 오미의 맛이 결합하여 신체의 건강에 영향을 준다.

짠맛을 지나치게 섭취하면, 피가 탁하여 맥(脈)의 흐름을 막으며, 쓴맛을 지나치게 섭취하면 피부가 단단해져서 체모(體毛)가 빠지며, 신맛을 지나치게 섭취하면 살이 위축되며, 매운맛을 지나치게 섭취하면 근육에 문제가 생기며, 단맛을 지나치게 섭취하면 뼈와 머리카

락에 영향을 줄 수 있다. 신맛은 간의 기운을 강하게 하고 비장의 기운을 약하게 하며, 짠맛은 신장 기운을 강하게 하고 근육과 살의 기운을 약하게 하며, 심장 기운을 약하게 하여 맥의 흐름을 막게 한다. 단맛은 신장의 기운을 약하게 하고 심장의 기운을 막히게 하며, 쓴맛을 지나치게 섭취하면 비장을 억제하여 근육과 살이 수척해지게 한다. 매운맛을 지나치게 섭취하면 근육과 맥이 약하게 되고 정기도 약하게 된다.

신맛은 간장과 관계하면서 근육으로 주입되고, 매운맛은 폐장과 관계하면서 기(氣)로 주입되고, 쓴맛은 심장과 관계하면서 피로 주입되고, 짠맛은 신장과 관계하면서 뼈로 주입되고, 단맛은 비장과 위장에 관계하면서 살로 주입된다.

그런데 이러한 5미는 모두 감각기관으로 섭취하지만 종국에는 마음에 저장되기 때문에 5미의 맛을 먹으면서 관찰하면 5장과 그 속에 담긴 마음을 알게 한다. 맛보는 그 자체도 마음 아닌 것이 없기 때문이다. 각각 맛에서 무미(無味)에 이르면 무심(無心)에 도달한다.

5관관찰 위빠사나 실수법과 현상

몸의 요소들을 다섯 가지 감각기관인 눈, 귀, 코, 입, 몸을 관찰하는 것이 5관관찰 위빠사나이다. 몸을 이루는 각각의 살들을 관찰하는 것은 몸의 살과 피부에 대한 위빠사나에 해당하며, 몸속에 있는 여러 장기를 관찰하는 것은 5장관찰 위빠사나에 해당하며, 몸속의 뼈를 관찰하는 것은 백골 위빠사나, 즉 백골관에 해당하며, 몸속의 관절들을 관찰하는 것은 관절 위빠사나, 즉 골쇄관에 해당한다.

5관관찰 위빠사나는 눈, 귀, 코, 입, 몸이란 감각기관에 의식을 집중하여 관찰해야 한다. 구체적인 방법은 다음과 같다. 눈에 의식을 대고 딴생각으로 인해 집중을 놓치지 않도록 주의하면서 오로지 눈에 의식을 집중한다. 눈에 의식을 집중하여 그 안으로 들어가는 사마타력을 동원하면 눈의 표면과 눈의 여러 부위에서 눈 속 마음들이 감지된다. 눈 속 마음들이 감지될 때, 경우에 따라서 눈 속 느낌들이 일어나기도 하며, 눈 속에서 영상들이 일어나기도 하며, 강한 감정들이 일어나기도 하며, 행위와 같은 반응들이 일어나기도 하며, 딱딱함·가려움·무거움 등의 현상들이 일어나기도 한다. 이는 눈을 파고 드는 사마타의 집중력에 의해서 눈 속에 포진하고 있는 눈의 마음들이 일어나는 것이다. 이때 의식으로 이 현상들을 그대로 알아차리면 눈관찰 위빠사나가 되는 것이다. 눈을 통하여 눈 속 마음들을 알아차리는 것을 눈관찰 위빠사나라고 하며, 몸관찰 위빠사나에 속한다.

눈 위빠사나를 할 경우에는 눈에만 집중의 사마타를 행해야 하며, 다른 곳에 반응과 느낌이 있더라도 의식을 옮기지 않고 눈에만 집중하여 눈의 다양한 현상을 위빠사나해야 한다. 눈의 감각기관에는 바로 의식의 마음이 붙어 있어 외부 사물의 모습과 모양과 컬러와 형태와 움직임을 포착하여 기록하는 역할을 하기 때문에, 눈을 위빠사나하다 보면 다양한 모습과 모양과 동작을 보게 되기도 하는데, 이 모양과 모습과 동작을 보더라도 의식을 눈에만 두도록 노력해야 한다.

눈관찰이 끝나면 다음으로 귀로 의식을 이동하여 귀 부분에 의식을 집중하여 사마타한다. 귀는 소리를 듣는 감각기관이므로 귀에 의식을 집중하여 안으로 몰아가는 사마타를 행하면, 귀 감각기관에 대한 느낌을 위빠사나하게 되고, 소리와 관련된 영상과 느낌과 생각들이 일어난다. 이런 경험들을 그대로 관찰하면 귀관찰 위빠사나가 된다.

코관찰은 코 전반에 느낌을 찾아가 그중 가장 강렬한 느낌에 집중의 사마타를 동원할 수도 있으며, 코끝의 들숨날숨에서 일어나는 느낌에 집중할 수도 있다. 들숨날숨이 스치는 코끝 느낌에 집중하면, 입출식(入出息) 또는 수식(數息) 위빠사나가 되는 것이며, 이 경우 집중은 오로지 코끝에 있어야 한다. 코의 감각기관은 외부의 냄새와 향기를 맡는 역할을 하기 때문에, 냄새와 관련된 현상을 보거나 느끼게 되는데, 코끝에서 이 현상들을 알아차리고 있으면 코관찰 위빠사나가 되는 것이다.

맛을 보는 혀를 위빠사나 할 경우에는 입 안에 있는 혀의 느낌에만 집중의 사마타를 행해야 한다. 입속에는 혀와 입천장과 이빨과 입술 등의 다양한 기관들이 있기 때문에 혀에만 집중의 사마타를 행하기 어렵다. 혀는 심장과 관계하고, 입은 위장과 관계하고, 이빨은 뼈와 관계하기 때문에 혀 관찰은 폭넓은 마음과 관계되어 있다. 다양한 마음이 혀 속에 포진하고 있어서 혀에만 집중하는 것이 쉽지 않다. 그럴 경우에는 혀와 맞닿아 있는 여러 기관들을 폭넓게 관찰하는 것이 중요하다. 예를 들어 입속의 여러 가지를 다 관찰하고 느낌이 강한 일정한 곳을 선택하여 집중하는 것이 바람직하다. 이빨이 강할 경우는 이빨에 집중하고, 혀의 느낌이 강하게 감지되면 혀로 집중의 포인트를 옮기고 입술의 느낌이 강할 경우는 입술에 집중하고 입천장의 반응이 강할 경우는 우선 입천장의 반응에 집중해도 별 무리가 없을 것이다. 마음이 몸을 타고 나올 때는 이곳으로 표출하겠다는 것이 없다. 마음 상태에 따라서 이곳저곳 가리지 않고 표현한다. 그래서 몸관찰 명상을 하면 처음엔 이곳에 집중하고 있었는데 어느덧 나의 의식이 딴 곳에 가 있는 것을 알게 된다. 우리는 이것을 망상에 의한 것이라고 하는데, 잘 살펴보면 마음이 몸을 타고 나오는 지점이 달라서 저절로 집중 의식이 옮겨진 경우도 있다. 의식이 집중대상을 놓치고 자주 옮겨도 마음을 바라보고 있으면 아무 문제

없지만 명상의 성격상 집중이 안 되었다고 느껴지면 의식을 입 전반에 두고 집중을 해도 전체를 감지하는 입관찰 위빠사나를 행할 수 있다.

위빠사나는 마음을 보는 것을 의미하지만 마음은 한 가지 모습으로 나타나지는 않는다. 마음은 영상과 모습으로 나타나기도 하고, 느낌과 감정으로 나타나기도 하고, 생각으로 나타나기도 하고, 행위와 동작으로 나타나기도 하며, 위의 여러 가지 요소들이 하나나 둘 혹은 셋 등으로 섞여서 나타나기도 한다. 이를 보고 감지하고 알아차리는 것이 몸관찰을 통해 마음에 이르는 위빠사나이다. 마음은 우리의 감각기관을 통하여 알 수 없을 정도로 넓고 다양하기 때문에 다양한 위빠사나를 통하여 자신의 마음의 형태와 구조를 알아가도록 해야 한다. 명상 수행이 어떤 하나의 행법으로 이루어질 수 없는 이유이기도 하다.

진정한 위빠사나는 누구에게나 있는 심층 내부의 공성과 무아성를 인식하게 되는 위빠사나일 것이다. 이를 일러 순수 위빠사나라고 한다. 그러나 심층 내부의 공성과 무아성이 드러나지 않을 경우의 위빠사나는 계속되는 물질층의 영상과 느낌과 생각과 행위를 인식하게 될 수밖에 없다. 이런 물질층의 마음들은 집중의 사마타를 통하여 또한 관찰의 위빠사나를 통하여 사라지며, 일시적 현상들은 모두 제거된다. 마음의 현상들이 강하게 일어나면 이를 바라보고 있는 위빠사나는 강한 마음의 현상에 따라서 잃기도 하고 어두워지기도 하고, 그 역할이 미미해 보이기도 한다. 그러나 현상이 파도와 같이 일어나서 본질을 잃는 듯 할 뿐, 늘 우리 곁에 있는 진리의 위빠사나는 본질이기 때문에 사라지는 것이 아니다. 순수 위빠사나는 어떤 생각과 느낌으로 알아지는 것이 아니다. 그래서 진리를 알고 업에 물들지 않고 흔들리지 않는 순수 위빠사나를 정견(正見)이라고 하는 것이며, 혜(慧)라고 하는 것이다.

5장관찰
위빠사나 명상

5장은 간장·심장·비장·폐장·신장을 의미하고, 6부는 담·위·대장·소장·방광·삼초를 의미한다. 5장은 정(精)·기(氣)·신(神)·혈(血)·혼(魂)·백(魄)의 저장소로서 생명의 주요한 역할을 한다. 또한 인체의 다른 조직과 정신활동을 연결한다. 6부는 물과 음식을 소화시키고 남은 성분들을 몸 밖으로 내보내는 기능을 담당한다. 인체의 장부를 음양으로 이해하면 5장은 양에 해당하고 6부는 음에 해당한다.

5장과 6부는 각각 연결되어 있다. 담과 간장은 서로 표리관계에 있으며 소장과 심장, 삼초와 심포, 대장과 폐장, 위장과 비장, 방광과 신장이 서로 표리관계에 있다. 담이 좋지 않으면 간장에 직접적으로 영향을 주며, 소장은 심장에 직접적 영향을 주며, 삼초는 심포에, 대장은 폐기능에 영향을 주며, 위장으로 인해 비장은 영향을 받으며, 방광은 신장과 서로 부부의 관계를 맺는다.

또한 5장과 6부는 서로 돕고 융통하는 체계를 가지고 있어서 하나의 장기의 역할이 다른 5장과 6부에 지대한 영향을 준다. 예를 들어 위장은 음식물을 받아들이는 것에 중점을 두고 활동하지만, 비장은 이를 변화시키고 운반하는 기능을 담당한다. 소장은 음식의 맑고 탁함을 분석하며, 대장은 음식의 찌꺼기들을 몸 밖으로 밀어내는 역할을 한다. 폐장은 외부에서 유입되는 호흡을 주관하여 외부의 바람 기운과 내부의 바람 기운을 교체하는 역할을 하지만, 신장은 이러한 기운들을 받아들이려는 노력을 주관하며, 폐장의 기능들을 강화시킨다.

5장은 서로 연계하여 혈액과 수분과 신경계에 고유의 기능들을 담당한다. 혈액을 주관하는 장기는 심장이지만 폐장은 많은 맥이 모여 있어서 각종 맥으로써 혈액순환에 관여하며, 간장은 혈액을 저장하고 그 양을 조절하며 비장은 혈액이 맥을 따라서 운행하도록 하는 운전자의 역할을 한다. 수분의 경우에는 비장이 수분의 운행을 주관하지만 폐장은 물길의 강약을 조절하고, 신장은 수분의 배설을 주관하며, 방광은 수분의 저장과 배설을 주관한다.

신장은 뼈와 골(骨)을 주관하여 개인의 동작하는 마음에 관여하며, 간장은 근육을 주관하여 관절 움직임의 마음에 관여하고 비장은 살들을 주관하여 몸의 팔다리 4지의 움직임의 마음들에 관여한다.

다섯 가지 감각기관인 5관과의 관계로 이해하면 간장은 눈의 마음과 관계하고, 심장은 혀의 마음과 관계하고, 비장과 위장은 입의 마음과 관계하고, 폐장은 코의 마음과 관계하고, 신장은 귀의 마음과 관계한다. 그래서 5장을 관찰함으로써 5관의 마음을 알 수도 있고, 5관을 관찰함으로써 5관의 반응을 알 수 있다.

5색(五色)의 관계로 이해하면 간장은 푸른색을 상징하고, 심장은 붉은색을 상징하며, 비장은 누런색을 상징하며, 폐장은 흰색을 상징하고 신장은 검은색을 상징한다. 마음을 관찰하다가 푸른색의 영상을 볼 경우는 간장과 관련되어 있는 노여움과 분노와 활동의 감정들이 함께 나타나는 것이다. 붉은색이 관찰될 경우는 열정과 분노, 드러내고 싶은 마음이 표출되는 확률이 높다. 누런색이 관찰될 경우는 비장과 관련된 마음들이 표출되는 경우이며, 이는 물질에 대한 마음들이다. 몸에서 물질이 배설되는 똥의 누런색에서도 이를 알 수 있다. 흰색은 냉정과 이성의 색깔로 강한 관념과 냉혹함을 상징하기도 하며 깨끗함을 상징하기도 한다. 검은색은 응축과 두려움, 공포의 마음들을 상징하기도 한다. 5관과 5장 등을 관찰하여 마음에 닿게 되면 이러한 색깔들을 보고 색깔로 쌓인 영상물을 보게 되는데 마음속 기록물일 뿐이다.

5정(五情)의 관계, 다시 말해 다섯 가지 감정과의 관계로 이해하면 간장은 노여움, 화의 마음과 직접적으로 관계하고, 심장은 기뻐하고 즐거워하는 마음과 관계하며, 비장은 지나친 생각과 사려의 마음과 관계하고, 폐장은 우울해하고 슬퍼하는 비련의 마음과 관계하고, 신장은 놀람과 두려움과 의지와 용기의 마음과 관계한다.

계절의 관계로 이해하면 간장은 봄을 상징하며 봄의 푸른 녹색과 관계한다. 심장은 여름을 상징하며 여름의 태양과 같은 붉은색과 관계한다. 비장은 장마철을 상징하며 누런 흙탕물 색과 관계한다. 신장은 겨울을 상징하고 모든 것이 저장되는 검은색과 관계한다.

5장과 5체(五體)의 관계로 이해하면 간장은 근육과 관계하고, 심장은 맥과 혈관과 관계하고 비장은 살과 관계하고, 폐장은 피부와 관계하고, 신장은 뼈와 골과 관계한다. 5행(五行)의 관계로 이해하면 간장은 목(木)에 해당하고, 심장은 화(火)에 해당하며, 비장은 토(土)에 해당하며, 폐장은 금(金)에 해당하며, 신장은 수(水)에 해당한다.

금(金) 기운과 관계하는 폐장의 기운이 강하면 목(木) 기운에 해당하는 간장의 기능을 약화시킨다. 금의 도끼가 나무를 베는 형국이다. 수(水) 기운과 관계하는 신장의 기운이 강하면 화(火)와 관계하는 심장의 기능을 약화시킨다. 비가 내려서 불을 끄는 형국이다. 목 기운과 관계하는 간장의 기능이 강하면 누런색과 관계하는 비장의 기능을 약화시키며, 화의 기운과 관계하는 심장의 기능이 강하면 흰색과 관계하는 폐장의 기능을 약화시킨다. 또한 토(土)의 기운과 관계하는 비장의 기능이 강하면 검은색과 관계하는 신장의 기능을 약화시킨다. 그래서 간장병은 얼굴색을 푸르게도 하지만 심하면 오히려 백색을 띠게 할 수 있으며, 심각한 심장병은 오히려 검은색을 띠게 할 수 있다. 비장과 관계된 색깔은 누런색이지만 비장이 심하게 상하면 오히려 푸른색의 안색이 나타나기도 하며, 폐장이 상하면 흰색을 띠게 할 수도 있지만 심하면 오히려 붉은색의 안색을 보이기도 한다. 신장병은 얼굴색을 검게 하지만 심하면 누런색을 띠게 할 수도 있다. 그 안의 마음들이 얽히고설켜 있기 때문이다.

간장에 연결되어 있는 마음은 외부대상에 대한 관심과 관여하는 마음인데, 이런 마음들을 심장의 열기와 따뜻함의 마음을 키우며, 심장의 열기와 열정은 비장의 음식과 물질에 대한 마음들을 키운다. 비장의 물질의 마음들은 폐장의 관념과 개념, 신조들을 강하게 키우며, 폐장의 관념들은 신장의 의지의 마음들을 키우며, 신장의 의지와 용기의 마음들은 외부대상에 관여하는 간장의 마음들을 키운다. 5장은 서로 연결되고 상생하는 구조로 되어 있기 때문이다. 명상 수행자가 여기서 잊지 않아야 할 것은 기관으로서의 5장이 아닌 그 속에 마음이 들어있음이다.

이와 같이 장부는 서로 상생하고 상극하면서 관계를 맺으며, 5장과 5장, 5장과 6부, 6부와 6부 사이에서 나타날 뿐만 아니라 5장과 6부는 인체의 지체(肢體), 5관(五官), 5색(五色), 5지(五志, 五情), 5미(五味) 등의 현상과 관계하며 자연계의 지·수·화·풍·공성과 사계절의 기후변화와 밀접한 관련이 있다. 그래서 계절과 날씨 등의 외부환경에 영향을 받는 것이다. 5관과 5장6부로 이루어진 몸은 절대적으로 외부환경에 영향을 받는다.

5장관찰 위빠사나 실수법과 현상

5관은 우리 마음을 만드는 일차적인 통로에 해당하고, 마음을 만드는 일차적인 관문이기도 하며 마음이 드러나는 일차적인 관문이기도 하다. 이를 통하여 마음의 물질층을 관찰한 다음에 이 통로에 의해서 만들어지는 마음을 몸의 장기들을 통하여 관찰하는 것이 5장관찰 위빠사나이다.

5장은 위에서도 밝혔듯이 간장, 신장, 위장, 폐장, 심장을 의미한다. 간장은 모든 장기를 제어하고, 외부 경계를 받아들이는 역할을 하며, 신장은 외부에서 받아들인 여러 가지 현상들을 거르는데, 감정, 특히 두려움의 감정들과 관계한다. 비장은 외부의 음식 등을 받아들이고 소화시키는 융합과 변형 기능을 담당하며, 폐장은 외부의 공기와 바람 기운 등을 받아들여 내 안의 바람 기운을 바꾸는 기능을 담당하고, 심장은 외부의 감정 중 따뜻함과 열기를 받아들이고 내 안의 감정을 내보내는 기능을 담당한다. 간장은 감각기관 중 눈과 관계하고, 신장은 귀와 관계하며, 비장과 위장은 입과 관계하며, 폐는 코와 관계하고, 심장은 혀와 관계한다.

5관은 마음의 통로에 해당하며, 마음을 담는 역할이 강하지 않지만, 5장은 마음을 담는 역할이 5관에 비하여 강하다. 그래서 다섯 장기를 관찰하는 위빠사나를 할 때 많은 감정을 동반한 업의 현상을 감지할 수 있다.

눈에 집중하여 간장을 관찰할 수도 있으며, 귀에 집중하여 신장을 관찰할 수 있으며, 코에 집중하여 폐를 관찰할 수 있으며, 입에 집중하여 비장과 위장을 관찰할 수 있으며, 혀에 집중하여 심장을 관찰할 수 있다. 집중력이 강한 명상 수행자는 간혹 눈을 관찰하면서 간의 느낌을 느끼는 경우도 있다. 눈의 마음은 5장의 간장만 관계하지 않고 모든 장기와 관계하지만 간장과 관계하는 비율이 높기 때문에 눈 명상은 간장에 숨겨진 마음을 보게 하기도 한다.

눈 등의 감각기관에 의지하지 않고 장기를 관찰하려고 한다면 하나하나의 장기가 있는 곳을 먼저 알아야 한다. 장기들은 몸속 깊숙한 곳에 자리 잡고 있기 때문에 그 느낌을 감지하여 의식을 그 부분 하나하나에 사마타하기 어렵다. 손으로 눌러서 또는 인체해부도의 그림을 통하여 그 위치를 확인하고 의식을 그곳에 집중해야 한다.

예를 들어 심장을 관찰할 경우는 자신의 심장의 위치를 정확히 인지한 상태에서 심장을 사마타하여 위빠사나해야 한다. 심장의 마음들은 수많은 감정들을 담고 있고 물질적인 싫고 좋음의 감정들과 사랑과 미움의 감정들을 담고 있다. 이런 감정들은 짧은 집중으로 드러나기는 쉽지 않기 때문에 많은 시간 동안 심장에 집중해야 드러난다. 느낌이 잘 일어나지 않아 심장 위빠사나를 행할 수 없는 경우에는 심장 속에 심어놓은 사랑과 미움의 사연들과 과거의 인연들, 기억들을 유추해내야 한다. 감정을 상하게 했던 현실의 기억들을 다양하게 들추어내어 심장의 느낌들을 알아낼 필요가 있다. 예를 들어 과거에 심정 상했던 기억들을 끄집어내는 것이다. 명상하면서 생각한다. '내가 옛날에 속상했던 일이 무엇이었지?'라거나 '그 사람과 그토록 왜 싸웠지?'라고. 그러면 그와 관련된 기억들이 마음속에서 그 실체를 드러내며 계속 등장하면서 장기의 어떤 곳 또는 몸의 어떤 곳이 아프거나 강한 느낌이 나타난다. 몸과 마음은 살아 있는 동안 함께 하기 때문이다.

폐장의 경우에는 강한 관념의 기억들과 자신의 고정관념과 개념과 고집들을 들추어내어 집중하면 잘 된다. 비장과 위장의 경우에는 강한 욕심의 기억들 또는 먹거리에 대한 기억들을 들추어내어 집중하는 것이 필요하며, 신장의 경우에는 의욕과 의지에 따른 기억들, 또는 좌절의 기억들, 두려움을 느꼈던 기억들을 들추어내어 집중하는 것이 필요하다. 간장의 경우에는 외부 경계와 눈으로 보아서 참견했던 기억들을 들추어내어 집중하면 효과가 크다.

뼈관찰 위빠사나 명상

뼈관찰은 명상의 전통 수행법에서는 백골관으로 명명되며 발전되어 오던 위빠사나 관법이다. 뼈는 인체의 가장 깊숙한 곳에 있으며, 5장 중에 신장의 기능과 가장 밀접한 관계를 갖는다. 계절적으로 겨울을 상징하고, 5색 중 검은색을 상징하며, 5지(五志, 五情) 중 놀람과 두려움의 감정들과 의지와 용기의 마음들과도 관계한다.

뼈는 인체의 가장 깊은 곳에 자리하고 있어서 관찰하기 어렵기도 하지만, 몸관찰 위빠사나를 집중적으로 하게 되면, 종극에는 뼈관찰에 이르게 된다. 뼈는 인체 중 가장 단단한 부분이기 때문에 몸관찰의 대상 중 마지막이다. 뼈는 몸의 지·수·화·풍·공성 중에 지성의 대표적 상징이고, 몸은 지성을 대표하는 것이므로 뼈관찰은 위빠사나 명상의 좋은 기재가 될 수 있다.

뼈는 가장 단단한 인체의 부분이기 때문에 단단한 마음과 연결되어 있다. 단단한 마음은 단단한 개념과 관념 또는 신조와 연결되어 있으며, 강한 감정과 응축된 감정, 변하지 않는 생각과 의지와도 연결되어 있다. 단단한 활자판의 변하지 않는 글자와 같으며, 우뚝 서서 구부리지 않는 꼿꼿한 마음과 연결되어 있다.

인체의 뼈는 여러 가지로 구성되어 있지만, 뼈관찰 위빠사나를 할 경우, 처음에는 큰 관절과 연결되어 있는 부분부분의 뼈를 전반적으로 위빠사나하는 것을 권장한다. 예를 들어 머리뼈를 위빠사나하고, 다음으로 쇠골뼈를 위빠사나하고, 등뼈와 가슴뼈, 엉덩이뼈와 골반뼈, 팔과 손뼈, 다리와 발 뼈를 위빠사나하는 것이다. 그러나 무엇보다도 느낌이 강하게 드러난 부분의 뼈를 관찰하는 것이 중요하다.

골 속에 수많은 마음들이 신경계를 타고 들어와 있기 때문에 머릿골 속 마음들을 위빠사나하게 되면 수많은 마음들과 생각들, 감정들을 관찰할 수 있다. 뇌 속 뼈들은 전생의 기록들을 칩처럼 간직하고 있다. 쇠골뼈는 심장 속 마음들과 연결되어 있으며, 5장의 장기들의 마음들을 건들기도 한다. 가슴과 등뼈는 감정과 강한 관념들이 연결되어 있으며, 폐장과 심장의 마음들과 관련되어 있다. 가슴 부분의 뼈는 감정과 관련되어 있으며 심장 속 마음들이 반응하고, 개념과 관념들에 이르면 폐장 속 마음들이 반응한다. 엉덩이뼈와 골반뼈는 물질과 몸에 대한 강한 집지의 마음들과 관계되어 있으며, 팔과 다리의 뼈들과 손가락과 발가락의 뼈들은 움직임과 행위의 마음들과 관계되어 있다. 보통 관절이 약한 경우는 관절보다는 뼈의 마음이 강하게 작용한다.

각종의 뼈들은 머리뼈와 경추와 천골과 결정적으로 연결되어 있다. 일정한 뼈 부분을 위빠사나하게 되면 머리 부분의 뼈들의 반응이 관찰되며, 경추와 천골에서도 반응이 일어남이 관찰된다. 경추와 천골에 응집된 마음이 신경계를 타고 모여 있기 때문이다.

뼈는 5장 중에 신장과 관계하고, 모든 색이 모여져 만들어지는 검은색과 관계하고, 겨울을 상징하고, 감정 중에 놀람과 두려움을 상징하고, 강한 의지의 마음과 결합하기 때문에 각 부분의 뼈들의 상태를 관찰하면 그와 결합한 마음 상태를 알 수 있다.

뼈관찰 위빠사나 실수법과 현상

뼈는 우리의 몸 깊숙한 곳에 있으며, 우리의 장기와 살을 지탱하게 해주는 몸의 중심축이다. 뼈는 마음의 단단함이 모이는 곳으로 물질층의 중심 역할을 한다. 마음 물질층의 근간을 이루는 곳이라고 할 수 있다. 우리 몸의 가장 단단한 부위는 머리와 엉치뼈

일 것이다. 몸의 각각의 뼈들에도 마음이 자리하고 있다. 머리뼈에도 가슴뼈에도 팔과 다리뼈에도 그 속에 마음이 들어 있지 않은 곳은 없다. 우리는 보통 환절기 때 뼈마디가 쑤신다는 표현을 자주 한다. 뼈 마디마디에 마음이 반응하기 때문이다. 계절의 변화는 몸속 마음에 절대적 영향을 준다. 우리 몸 속속들이 자신의 업장 마음과 자연환경의 마음이 자리하지 않는 곳이 없다. 쇠골뼈에도 그 속에 많은 마음들이 자리하고 있고, 특히 뇌를 이루는 많은 뼈 속에는 수많은 마음들이 있다. 뼈들은 굳고 견고하고 한결같은 관념과 개념의 마음들을 담고 있으며, 변하지 않는 성격들의 마음들을 담고 있다.

뼈관찰 위빠사나를 할 경우에는 인체도에서 뼈의 구조를 낱낱이 살펴보거나 손으로 각종 뼈의 느낌을 인식한 후에 각각의 뼈를 위빠사나해야 한다. 철권 같은 마음들과 그 기억들을 드러나게 한 후 느낌에 드러난 뼈에 대하여 위빠사나하는 것이 바람직하다. 그럴 경우는 자신의 신조와 관념과 변치 않는 성격을 관찰하거나 일상에서 반복하는 습관과 그런 기억들을 먼저 떠올린 후 마음을 관찰하고 반응하는 뼈는 관찰한다.

관절관찰 위빠사나 명상

관절은 뼈와 뼈를 연결하고 움직이고 굽혔다 펴는 동작에 관여한다. 관절은 모든 인체의 움직임을 관장하고, 이는 간장의 기능과 직결되어 있다. 움직이고 싶은 마음들을 표현하는 대표적인 인체의 기능이 관절 속 마음이며, 인체를 동작하게 하는 연결의 마음 모터가 관절인 것이다. 관절에는 뼈와 연결되어 있는 근육과 힘줄과 여러 가지 신경계가 작용하고 있으며, 움직이고 동작하는 마음들과 연결되어 있다. 운동을 하면 근육이 발달하고, 근육이 발달해야 움직임이 원활하게 되는데, 이러한 근육을 움직이고 싶은 마음과 직결되어 있는 것이 관절이다. 관절은 뼈의 기능이 강하면 오히려 무리를 주게 되는데, 뼈는 신장의 의지와 용기와 관련되기 때문이다. 용기와 의지의 마음을 담고 있는 뼈가 지나치게 강하면 오히려 관절을 약화시킬 수 있다. 또한 외부대상에 간여하고 관심을 갖는 대표적인 장기가 간장이라고 할 수 있는데, 간장 속에 내포되어 있는 외부대상의 마음들이 지나치게 나타나서 외부 일에 간여하여 인체의 몸을 움직이는 관절에 무리를 준다. 외부의 일에 마음이 쏠려 다리 관절을 심하게 쓰거나, 외부 일에 허리 관절을 심하게 쓰면 다리 또는 허리 관절에 무리가 오게 마련이다. 목 관절은 머리와 직접적으로 관계되며, 무거운 생각과 무거운 의지와 무거운 마음들이 목 관절에 나쁜 영향을 준다. 마음의 무게로 따지면 머리가 가장 무거울 것이다. 그런데도 이 무거운 머리를 숙이고 핸드폰을 보는 행위는 목 관절에 치명적 영향을 준다.

관절은 연결을 의미하고 관계를 의미하고 외부와의 연결을 의미하기 때문에, 모든 대상과 부드러운 연결, 소통하는 관계가 중요하다. 또한 마음의 유연성, 부드럽게 마음을 갖는 것이 무엇보다도 중요하다.

아픈 관절을 위빠사나하다 보면 관계와 관련된 마음들과 감정들이 보이기 시작한다. 이러한 마음들을 관찰하는 것이 관절관찰 위빠사나이며, 각 관절 속의 감정과 느낌을 관찰하는 것이 관절관찰 위빠사나이다. 관절 부분을 의식으로 지켜보면서 관찰하며 움직임과 관계와 관련된 기억들을 도출해 내면서 명상할 수 있다.

관절관찰 위빠사나 실수법과 현상

관절은 뼈와 살이 연결되어 있으며, 인대와 근육 등이 연결되어 있는 부분이다. 뼈는 관념을 상징하고 살은 감정을 상징한다면, 관절은 관념과 감정이 연결되어 있는 부분이라고 할 수 있다. 뼈의 관념이 강해서 진취적인 일을 많이 했다면 감정이 쉬지 못하여 관절에 무리가 올 수도 있다. 관절은 연결부분이라서 관념과 감정의 연결, 일과 휴식의 연결, 나와 너의 연결과 관계되어 있다. 관념이 강하면 이성적 인지도가 높고 감정이 강하면 감성적 인지도가 높지만, 보통 사람들은 누구나 이 둘의 관계가 원만하지 않다. 관절을 움직일 때, 이성과 감정 둘 간의 지관쌍수가 되기는 쉽지 않기 때문이다. 관절관찰 위빠사나를 할 경우에는 자신의 안 좋은 관절에 의식을 집중하여 관절의 느낌이 드러나길 기다려야 한다. 관절을 관찰할 경우, 가장 중요한 것이 그대로 지켜보면서 기다리는 마음가짐이다. 관절관찰은 반응과 느낌이 일어날 때까지 기다려야 한다. 충분히 관절에 집중의 사마타를 했음에도 그 느낌이 드러나지 않은 경우에는 관절을 움직여서 일했던 기억, 무리하게 관절을 사용했던 기억, 관절을 움직여주지 않았던 기억과 사연들을 들추어내어 관절의 반응을 위빠사나해야 한다.

4장

마음관찰
위빠사나 명상

마음관찰 위빠사나 명상은 몸을 사마타하여 몸속 마음들과 닿게 하는, 몸속 마음들을 위빠사나하는 명상법과 더불어 정신을 관찰하는 명상법이다. 고유한 영역의 마음은 5관에 닿아 있는 마음인 전5식(前五識)의 마음, 이를 통하여 생각과 분별하고 비교하고 유추하는 마음인 제6식(第六識)의 마음, 과거 기억과 업식을 '나'라고 착각하고 이를 잡고 있는 마음인 말나식(末羅識)의 마음, 과거의 삶과 기억을 모두 담고 있는 아뢰야식(阿頼耶識)의 마음을 의미한다. 또한 이러한 마음이 모두 정화되고 맑게 되면 마음의 본연의 공성과 지혜가 드러나는데 이를 청정무구식(清浄無垢識)이라고 한다.

전오식과 결합되어 있는 마음들은 몸관찰 위빠사나로 접근할 수 있으며, 생각·분별·비교·유추의 인식작용을 하는 마음인 제6식의 마음들은 생각관찰 위빠사나로 접근할 수 있다. 다음으로는 '나'로 점철된 마음관찰인데, 이는 말나식의 네 가지 마음을 관찰하는 것이다. 첫째는 '나'의 생각과 관념, 지식을 내세우는 견해[我見]를 관찰하는 것이며, 둘째는 '나'의 존재를 내세우고 옳다고 내세우는 자신 사랑[我愛]을 관찰하는 것이다. 셋째는 '나'의 존재를 남보다 높게 여기는 아만(我慢)의 습성을 관찰하는 것이다. 넷째는 '나'를 존중하고 외부의 존재를 무시하고 외면하는 어리석음[我癡]을 관찰하는 것이다. 이와 같이 나를 중심으로 하는 말나식의 마음들은 나의 존재를 표현하는 모습을 관찰하는 위빠사나로 접근할 수 있다. 나를 내세우는 몸 동작을 관찰하거나 대화 중에 나를 표현하는 말투를 관찰하거나 대화 중 내가 속으로 생각하는 모습을 관찰한다. '나'란 존재는 무수억겁 동안 쌓아놓았던 아집의 실체이기 때문에 이를 관찰하는 것은 쉽지 않다. '나'를 내려놓지 못하여 괴로움은 일어나는 것이기에 말나식 관찰은 명상 수행의 핵심 중의 하나이다. 나로 표현된 몸, 나라는 인식, 내 주장, 내 고집을 보면서 간파해야 할 것이다. 일단은 나의 모습을 객관화하는 연습을 꾸준히 해야 한다.

제6의식관찰 위빠사나 명상

의식관찰 위빠사나 명상은 생각을 알아차리고 생각이 일어나는 자리를 알려고 하는 생각관찰 명상에 포함된다. 생각이 뜬 구름처럼 일어나는 망상도 또한 위빠사나의 대상이 될 수 있다. 생각관찰 위빠사나 명상은 망상관찰 위빠사나, 생각관찰 위빠사나, 비교하는 생각관찰 위빠사나, 유추하는 생각관찰 위빠사나, 감각을 따르는 욕망에 의한 생각관찰 위빠사나, 인생관찰 위빠사나 등 여러 가지가 있다.

망상관찰 위빠사나는 모든 망상의 생각들을 지우고 망상의 변화를 알아차리는 것이 무엇보다도 중요하다. 계속되는 망상의 생각은 부정관으로 지워내야 하며, 생각이 일어나기 전의 느낌도 알아차리는 것이 중요하다. 불교 수행법에서 망상은 퇴치해야 대표적 번뇌로 여기지만 일상생활을 살펴보면 망상으로 점철되어 있다. 그러기에 망상은 현실에서 늘 함께 하는 일상이다. 중국의 마조 선사는 평상심이 도라고 하여 일상에서 일어나는 모든 망상도 진리임을 선언한 바 있다. 그래서 더더욱 자신이 하는 망상을 알려고 노력해야 한다. 망상이 많으면 진리가 드러나지 않아 부정관으로 퇴치해야 하지만 맑은 하늘의 뜬구름 같으면 굳이 망상을 없앨 필요는 없다. 망상도 마음의 일부이기 때문이다. 그러나 지나친 망상으로 마음이 허덕이고 망상을 쫓아 인생을 허비하는 사람일 경우는 망상을 없애려고 노력해야 한다. 힘든 일을 하거나 뛰거나 산행과 같은 거친 경계 속에서 망상의 쉼을 발견할 수 있다.

순수한 생각관찰 위빠사나는 중국의 묵조선의 방법들과 유사하다. 화두선은 의식에 의단이라는 하나의 강한 기재를 달고 생각을 깨뜨려서 마음속에 들어 있는 마음의 공성과 지혜를 체득하는 것인데, 이를 굳이 위빠사나와 연결하자면 생각관찰 위빠사나 명상법에 속한다. 생각관찰 위빠사나는 생활 속에서는 대상을 보고 부딪치면서 일어나는 생각과 관념을 알아차리고, 그 관념을 만드는 단어, 구절, 문장, 소설의 허구성을 인식함이 중요하다.

비교하여 판단하는 생각관찰 위빠사나는 어떤 대상을 비교분석하고 장단(長短)과 거래(去來)와 고하(高下), 손익(損益), 자타(自他)

를 가르고 분석하는 생각들을 관찰하는 위빠사나이다. 생각이 뭔가를 분리하려는 분별성에서 일어남을 관찰하는 것이다. 유추하는 생각관찰 위빠사나는 과거의 기억을 되새김하는 생각을 바라보는 것이며, 미래를 생각하고 과거의 경험을 판단의 잣대로 사용하여 불분명한 현상황을 유추하는 생각의 습관을 관찰하는 위빠사나 명상이다. 감각의 욕망에서 일어나는 생각관찰 위빠사나는 5관이 대상을 만나서 일어나는 욕망의 생각과 강한 욕망과 욕구에서 일어나는 생각들을 관찰하는 위빠사나이다.

종합적으로 이해하면 욕구에 의한 생각이든지 나를 내세우고 자신의 존재감에서 일어나는 생각이든지 비교 판단 분석에 의한 생각을 보는 것이 모두 제6식관찰 위빠사나이며 모든 일어나는 생각을 관찰하는 것이 제6의식의 생각관찰 위빠사나이다. 생각이 보이면 마음이 보이는 것이며, 마음을 보는 것이 제6의식 위빠사나이며, 자신의 모든 가치관과 자신의 존재 이유를 알아가는 위빠사나이다. 생각이야말로 개인의 마음의 구조를 알 수 있는 핵심 기재이며, 이를 관찰하는 것이 마음관찰 위빠사나인 것이다.

의도관찰 위빠사나 명상

의도를 알아차리는 명상은 유식불교에서 강조한 말나식의 작용을 관찰하는 것이다. 유식불교는 아견(我見), 아애(我愛), 아만(我慢)과 아치(我癡)가 말나식이 하는 네 가지 번뇌라고 하였는데 이미 저장된 아뢰야식 업식에 의거하여 일어나는 번뇌이다. 하나의 생각과 의견과 관념을 동반하는 견해[我見]가 거짓 나를 만드는 번뇌이며, 나를 사랑하는 이기성[我愛]이 나의 번뇌가 되는 것이라고 본 것이다. 나를 높이고 싶은 교만[我慢]이 나라고 착각하는 아만의 번뇌이며, 내 것만 인정하고 다른 것은 무시하고 외면하는 무지[我癡]의 마음들이 아치의 번뇌를 만든다고 본 것이다. 이를 관찰하는 것이 의도관찰 위빠사나이다. 마음관찰 위빠사나는 나의 중심 생각을 관찰하는 것이 무엇보다 중요하며, 평상시의 나의 의견과 견해를 관찰해야 한다. 5관과 5장을 통하여 관찰해도 현재 나의 존재성이 드러난다. 나의 몸을 사랑하고 이기적의 나의 모습들을 기억 속에서 떠올려 관찰하는 것이 필요하고, 교만과 아만의 생각과 그러했던 나의 기억을 관찰하는 것이 필요하다. 모든 '아(我)'의 총체적인 모습인 무지의 마음들을 위빠사나하는 것은 무지관찰 위빠사나인데, 이는 평소의 나의 외면과 고집과 자기중심적인 모습에서 찾아내 위빠사나해야 한다. 특히 나를 위하여 계산하고 생각을 키우고 사량하는 모습을 관조해야 한다.

아뢰야식관찰 위빠사나 명상

저장의식, 즉 아뢰야식을 중심으로 하는 위빠사나 명상에는 옛 기억을 관찰하는 인생 관찰과 습관 관찰, 성격 관찰, 기억력 집지의 현상 관찰이 포함된다. 아뢰야식 내부에는 언어적 문자와 관련된 글자와 개념형성과 그에 따른 이미지가 집지되어 있다. 아뢰야식은 심층 내면의 마음으로 이 마음에는 현재의 기록뿐 아니라 과거 전생의 기록들도 모두 담고 있다. 5관과 5장을 관찰함으로써도 그 속에 맞닿아 있는 과거기록과 내면 의식을 관통할 수도 있다. 한편 몸의 여러 요소들을 관찰하여 내면 깊이 저장되어 있는 과거사의 기록들을 관찰할 수도 있다. 인체의 몸을 깊이 사마타하여 몸속 과거의 마음까지 관찰하면 이 또한 아뢰야식 마음관찰 위빠사나 명상이라고 할 수 있지만, 위빠사나 명상 초보자가 이 경지까지 이르기는 쉽지 않다.

아뢰야식의 마음에 저장되어 있는 모든 마음의 기록들은 인체의 곳곳에 영향을 주고 다섯 가지 감각기관의 활동에 직간접적으로 관계하기 때문에, 아뢰야식의 마음을 알려면 인체 각 부분을 통과하는 사마타의 강력한 힘이 필요하다.

옛 기억을 인위적으로 들추어내어 인생 전반의 삶의 과정을 살펴보면서 위빠사나하는 것도 아뢰야식의 저장의식을 관찰하는 데 큰 도움을 준다. 자신의 성격을 의식으로 따져 보고 성격형성 과정과 성격의 틀을 위빠사나해 볼 필요도 있다. 습관관찰 위빠사나는 자신의 특정한 습관과 모습을 관찰하는 것으로, 습관은 아뢰야식의 저장의식과 밀접히 관계되어 있다. 어떤 특정한 현상을 기억하려는 집지력과 기억력 자체를 위빠사나할 경우도 아뢰야식 위빠사나에 포함된다. 아뢰야식의 실체를 알기 위하여 유가사[1]는 끊임없는 수행을 했던 것으로 알려진다. 그들이 알았던 심연의 마음인 아뢰야식은 나에 대한 끝없는 집착으로 생겼으며 대상을 분리하는 명칭에 의해서 생겼으며 또한 깨끗하고 더러운 업력의 조력을 받아서 생긴 것

---

1) 마음의 본질을 알기 위해 교학뿐 아니라 수행을 직접 행했던 집단을 의미하며, 이들의 수행을 참고로 하여 『유가사지론』이 완성되었다. 『유가사지론』은 17지(十七地)이라는 단계를 통하여 유가사들이 몸에서 마음으로 들어가는 과정을 낱낱이 밝혔다.

이었다. 유식은 나에 대한 끝없는 집착을 아애종자(我愛種子)라고 하였으며 대상을 분별하는 명칭을 명언종자(名言種子)라고 하였다. 이 두 가지가 정(浄)과 부정(不浄)의 업력의 조력을 받으면 다음의 6도 윤회의 모습을 결정한다고 본 것이다. 그래서 아뢰야식 위빠사나 명상은 근본 마음의 본질을 지혜로 돌리는 결정적인 수행법이다.

아뢰야식은 아애종자와 명언종자를 간직하고 있어서 습관적 나에 대한 존재감 관찰이 필수적이다. 또한 아뢰야식은 문자와 관계되는 언어적 마음과 개념과 형상과 이미지를 간직하고 있어서, 언어와 관련된 마음들과 대상을 개념화하는 마음들과 그 의도성을 관찰해야 한다.

자연관찰
위빠사나 명상

아뢰야식의 마음은 앞 절에서 설명했듯이 아애종자와 명언종자와 업습기에 의해서 만들어진다. 이를 넓게 설명하면 옛 기억과 모든 전생의 기억들을 담고, 몸을 유지할 수 있는 집지력과 생명력을 간직하고 있으며, 외부 대상을 이미지화하고 형상화하고 언어화하고 문자화하는 대상 명칭을 간직하고 있으며, 수많은 자연과 환경을 수용하고 있다. 아뢰야식이 자연환경과 관계하고 생사를 불문하고 자연환경에 의해서 유지하고 있다는 사실은 유식가의 가장 큰 발견이다. 몸이 음식과 공기를 마시면서 그 생명을 유지한다면 아뢰야식의 마음은 자연환경에 의해서 유지한다는 것이다.

그래서 자연과 환경은 아뢰야식 내부에 그대로 전달되고 수용되며, 자연환경은 아뢰야식과 직접적인 관계를 맺는다. 자연관찰 위빠사나 명상은 아뢰야식을 정화하고 아뢰야식의 심연 마음에 가까이 접근하여 심연의 마음을 관찰하게 한다.

자연 중 땅과 관련된 자연들은 마음의 단단한 지성과 결합되어 있으며, 물과 관련된 자연들은 마음의 축축한 수성과 결합되어 있으며, 따뜻한 기운과 관련된 자연들은 화성과 결합되어 있으며, 움직이는 기운과 관련된 자연들은 풍성과 결합되어 있으며, 공간과 비어 있는 자연들은 공성과 결합되어 있다. 자연의 각각의 품성은 우리의 인식에 영향을 준다.

땅과 관련된 자연 명상은 땅기운을 밟고 걷는 걷기 명상법으로 지성의 마음을 관찰할 수 있으며, 물과 관련된 자연 명상은 바다, 계곡, 강물을 수용하고 관찰하는 명상법으로 수성의 마음을 관찰할 수 있다. 불과 관련된 자연 명상은 태양, 불꽃을 수용하고 관찰하는 명상법으로 화성의 마음을 관찰할 수 있으며, 바람과 관련된 자연 명상은 미풍, 열풍, 태풍, 폭풍을 수용하고 관찰하는 명상법으로 풍성의 마음을 관찰할 수 있다. 비어있는 공성과 관련된 자연 명상은 허공과 하늘을 수용하고 관찰하는 명상법으로 공성의 마음을 관찰할 수 있다.

5장

일상에서 쉽게 접근하는 명상법

소리 명상

소리 명상은 소리를 내면서 그 소리에 집중하여 위빠사나하고 소리를 들으면서 그 소리를 수용하는 명상이다. 우리는 다섯 가지 감각기관을 지니고 있는데, 그 각각에는 명상과 결합할 수 있는 기재들이 있다. 다시 말해 다섯 가지 감각기관은 심리와 결합되어 있으면서 외부대상과 항상 작용하기 때문에 심리를 치유하는 훌륭한 명상의 방법들로 바로 연결된다. 예를 들어 눈은 사물의 색깔과 형태를 보는 기능을 주로 담당하기 때문에 일정한 색깔과 형태를 지속적으로 보는 관상법(觀相法)의 명상을 할 수 있으며, 귀는 소리를 듣기 때문에 다양한 소리를 내는 만트라나 염불이나 음악과 악기, 자연의 각종 소리를 통하여 자신의 트라우마 심리도 알 수 있고 깊은 내면의 마음도 알 수도 있다.

귀로 소리를 듣는 대표적인 명상법으로는 만트라, 염불, 음악, 자연 등을 들 수 있다. 불교의 전통 수행법에서는 귀의 이근(耳根)을 통하여 마음의 원만한 상태에 진입하는 수행을 이근원통(耳根圓通)이라고 하면서 중시하였다. 이근원통이라 함은 귀로 소리를 들어도 그 소리와 다섯 감각기관의 마음이 하나를 이룬다는 뜻이다. 그런데 왜 눈·귀·코·혀·입·몸의 감각기관 중 귀로 듣는 소리를 불전은 중시하였을까? 그 이유는 다른 감각기관을 통하여 마음의 합치를 보는 것보다는 귀로 소리를 들었을 때 감각기관에 딸린 마음뿐 아니라 지혜의 마음도 확연하게 알 수 있었기 때문이다. 그래서 동서양을 불문하고 소리에 의한 마음 안정과 마음 치유는 단연 으뜸이라고 할 수 있다. 뿐만 아니라 소리는 감성을 자극하여 내면의 업력을 보게 하는 사마타의 기재가 매우 강하다. 우리는 흘러간 동요를 들으면서도 옛 기억을 떠올리고 마음이 옛날로 접어든다. 가요를 들으면서 옛사랑의 추억이 생각나고 감정이 되살아난다. 이렇듯 소리는 우리 마음속 내재돼 있는 감성체계를 이끌어낸다. 눈은 물질의 모양과 색깔을 인식하는 것이라서 거친 물질을 상대하기 때문에, 미세한 물질을 담고 있는 마음의 세계를 다 알기에 많은 시간을 요한다. 그러나 소리는 빠르며 내면 마음에 침투하는 체계도 남다르다.

그래서 소리를 들어서 마음에 진입하면 미세한 물질을 담고 있는 마음의 세계에 쉽게 접근할 수 있다. 소리는 감정과 감성, 느낌의 세계를 담고 있기 때문이다. 소리는 큰 소리, 작은 소리, 자연의 소리, 사람의 소리, 말소리, 음악 소리, 유정과 무정이 부딪치는 소리, 성인의 소리, 중생의 소리 등 다양한 소재를 지니고 있다. 소리가 들리는 곳에 귀 기울여 보면 소리의 다양성은 말로 다 할 수 없을 정도로 많음을 발견하게 된다. 그래서 소리를 감정과 유사한 것이라고 한다.

이러한 소리에 사마타하여 일정한 소리를 자신의 마음에 진입하게 하는 것을 소리 명상이라고 한다. 소리는 한결같은 속성을 계속 지니기 어렵다. 어떤 소리도 높낮이가 다르다. 이러한 소리의 특성들은 마음의 상태를 여러 측면에서 건들어 주어서 명상적 효과를 내기도 한다. 그래서 소리를 통한 명상법들이 역사적으로 많이 전개되었던 것이다.

만트라 명상도 소리 명상의 일종이라고 할 수 있다. 진리의 음의 합성이라고 할 수 있는 만트라는 셀 수 없을 정도로 그 종류가 많다. 인도는 전통적으로 신에 대한 존경심과 세상과 우주에 대한 관심과 이해가 깊었기 때문에, 나 이외의 존재의 위대성에 대한 찬탄과 존중의 의미로 많은 만트라가 만들어졌다. 모두 소리의 음과 뜻을 살린 음의 합성이었다. 경배의 대상인 신들에 대하여 존경의 마음과 중생계를 보살펴 달라는 서원을 만트라에 담아서 계속 외웠던 것이다.

염불도 만트라의 일종이라고 볼 수 있지만 염불은 특정한 불보살의 명호를 외우거나 그들의 모습을 관상함으로써 그들의 세계와 진리에 합일하고자 하는 측면이 강하였다. 만트라나 염불은 일정한 소리를 내는 점에 있어서 동일한 명상 기법이라고 할 수 있다. 만트라 또는 염불 소리를 통하여 신에게 경배하고 신의 마음을 닮아가고 귀의하며 그들이 알았던 이치에 도달할 수 있기 때문이다.

이와 같이 만트라와 염불의 소리 명상은 불교의 중요한 수행법으로 실행되고 있지만, 일반적인 소리 명상은 만트라나 염불이 아닌 다양한 소리를 명상의 기재로 사용할 수 있다. 우리는 항상 말하고 대상의 소리를 들으면서 살아간다. 자신이 말하거나 소리를 낼 때 이를 관찰하고 있으면 이 또한 소리 명상이라고 할 수 있으며, 상대방의 말소리나 자연세계의 다양한 소리들을 듣고 있어도 이 또한 소리 명상이라고 할 수 있다.

소리 명상은 크게 두 가지로 나눌 수 있다. 하나는 소리를 낼 때 관찰하는 명상이며, 또 하나는 소리를 들을 때 관찰하는 명상이다. 소리를 낼 때는 그 소리를 내는 자신의 의도와 자신의 감정들을 관찰하는 것이며, 소리를 들을 때는 대상의 소리를 어떻게 수용하는지 관찰하는 것이다.

우리는 분별의 세계에서 살고 있으며 항상 비교하고 구분하면서 살아간다. 그래서 소리를 내고 소리를 듣는 두 측면을 함께 관찰, 즉 위빠사나하는 것이 무엇보다도 중요하다.

사람이 말을 하거나 노래를 부르거나 일정한 소리를 낼 때 그 속에 항상 마음이 자리하고 있는데, 이를 관찰하게 되면 소리 명상 또는 소리 수행이 된다. 만트라를 통하여 소리 명상을 할 때도 만트라의 소리를 내는 나의 소리에도 집중하게 되지만, 남이 내는 만트라의 소리를 듣는 것도 자연스럽게 집중을 유발하여 내 마음이 일어난다. 입으로 소리를 내지만 귀로 듣는 수행은 하나로 이어지고 더구나 5관이 하나로 연결된 마음이 드러나니, 원통(圓通) 수행이라고 한 것이며, 말하는 것과 듣는 것이 둘이 아님을 알게 한다.

소리 명상은 소리를 수용하고 받아들이는 것이 무엇보다도 중요하며, 다양한 소리에 관심을 가진다면 마음을 계속 확장시킬 수 있다. 소리는 인간의 소리뿐 아니라 동물의 소리, 식물의 소리, 새소리, 벌레 소리, 바람 소리, 물소리, 파도 소리, 시냇물 소리 등 다양하다. 세상의 지(地)·수(水)·화(火)·풍(風)은 모두 소리를 내고 있기 때문이다. 우리는 늘 소리 속에서 살아간다고 해도 과언이 아니다. 명상의 종합적 차원에서는 모든 소리는 다 만트라라고 할 수 있다. 만트라는 신비한 진리의 음을 합성한 것을 의미한다. 그러나 다양한 인간의 소리 그 자체가 진리와 소통하는 것이기 때문에, 인간의 다양한 소리는 인간 소리 만트라인 것이며, 동물의 소리는 동물 소리 만트라인 것이며, 풀벌레 소리는 벌레 소리 만트라, 하염없이 내는 비

소리는 물소리 만트라인 것이다.

바람 소리 만트라를 듣게 되면 바람이 지닌 각종의 마음이 내 마음을 두들기는 것을 알게 된다. 바람 소리는 가짜의 마음을 벗고 진짜의 마음이 나오도록 쉼 없이 두들긴다. 회오리바람 소리 만트라를 넓은 들판에서 듣게 되면 그 회오리바람 소리 만트라는 내 안에 있는 두려움과 공포의 마음을 불러일으킨다. 소리는 계속 들리는 것이기에 마음 안 침투의 기재인 사마타의 효과가 매우 뛰어나다. 외부에서 들려오는 소리들이 내 마음을 계속 사마타해 주는 것이다. 결국 나의 마음은 소리 사마타에 의해서 감추었던 보따리를 풀 수밖에 없다. 온갖 감정들과 기억들이 마음 보따리에서 풀려나오게 된다.

소리 만트라를 할 경우에 주의해야 할 점이 있다. 소리는 다양한 감정을 담고 의미를 담고 있기 때문에 어떤 마음을 느닷없이 일깨울지 모른다. 어떤 마음이 소리에 의해서 일어날지 모른다는 이야기다. 그렇기 때문에 명상 수행자는 어떤 경우이건 관찰의 위빠사나의 힘을 놓치지 않고 의지해야 한다. 소리에 의해서 어떤 감정이 일어나든 간에 어떤 영상이 일어나든 간에 어떤 몸의 반응이 일어나든 간에 그 모든 현상이 헛것임을 인식해야 한다. 인식은 관(觀)하는 위빠사나를 갖추고 있기 때문에 관만 놓치지 않으면 모든 현상이 사라진다. 계속되는 소리 만트라는 소리라는 음파와 힘을 지니고 있기 때문에 반드시 마음속에 저장된 거친 심리들을 담은 마음 보따리를 풀게 만든다. 관찰의 위빠사나는 마음 보따리에서 풀려나오는 다양한 반응과 현상들은 업식(業識)과 업장(業障)에 지나지 않음을 분명히 안다. 그 현상에 마음 두지 말고 계속 만트라 사마타에 집중해야 하며, 관의 위빠사나에 의지해야 한다.

소리 만트라 중에 가장 위대한 만트라는 자연의 소리 속에 있다고 해도 과언이 아니다. 자신의 몸을 위빠사나하여 어느 정도 물질에 대한 업(業)이 떨어져 나간 명상 수행자는 자연 소리 만트라에 집중하여 다양한 자연의 소리를 통하여 마음에 진입하면 마음은 대공(大空)을 향하여 나아가게 된다. 또한 공업(共業)으로 지었던 마음들을 내려놓게 한다. 각종 동물의 소리들은 아뢰야식 심층내면의 마음 속에 간직한 태생(胎生)의 마음들을 내려놓게 하며 마음을 확장시키며, 새소리들은 난생(卵生)의 마음들을, 벌레 소리들은 습생(濕生)의 마음들을 알게 하고 확장시킨다. 아뢰야식 내면의 마음은 욕계, 색계, 무색계로 이어지는 6도 윤회의 마음을 간직하고 태·난·습·화의 4생의 마음을 간직하기 때문이다. 소리에 의해서 욕계 윤회의 마음은 그 모습을 보이고 4생의 마음도 그 모습을 드러낸다.

소리는 그 자체가 만트라이며 그 자체가 염불이기 때문에 어떤 소리이든 분별없이 수용하면 마음을 열리게 한다. 저장된 보따리의 마음[아뢰야식]이 열릴 때 물질[色], 감정[受], 홀연한 생각[想], 의지작용[行], 판단분별[識]을 동반하게 된다. 자연의 소리를 듣고 있자면 물질의 영상이 보이기도 하고 싫고 좋은 감정들과 애환의 감정들도 보이기도 하며, 알 수 있고 알 수 없는 수많은 망상들이 뜨기도 하며, 몸의 반응이 행동화되기도 하고, 관념과 명칭, 해설 등이 나오기도 하지만, 모두 업식을 담은 마음 보따리의 내용물일 뿐이다. 관찰의 위빠사나는 이를 여지없이 사라지게 한다.

순수 위빠사나가 업식의 마음 보따리 너머 진정한 마음을 비출 때까지 소리를 수용하고 소리의 사마타를 놓치지 않는 것이 소리 명상이다.

염불 명상

소리를 내거나 들으면서 명상하는 방법에는 여러 가지가 있다. 부처님과 보살의 명호를 외우는 염불 명상, 만트라를 외우는 만트라 명상, 음악을 듣거나 노래를 부르면서 하는 음악 명상, 자연의 소리에 집중하여 마음을 관찰하는 자연소리 명상 등이 있다.

소리의 음절과 단어에는 각각 의미가 담겨 있고, 소리의 합성과 조합은 다양한 감정의 체계를 담는다. 염불과 같이, 소리에 의한 명상법은 4념처(四念處) 수행 중에 수념처(受念處)에 해당하고, 색(色)·수(受)·상(想)·행(行)·식(識)의 5온(五蘊) 수행 가운데 수온(受蘊) 수행에 해당하며, 지(地)·수(水)·화(火)·풍(風) 4대(四大) 수행 중 수대(水大) 수행에 해당한다.

염불과 같이 소리가 지닌 핵심적인 의미들은 감정과 관련된 심리층과 심리에 담긴 경험들을 건드려서 표면 심리로 드러나게 하는 특징이 있다. 소리와 관련된 불교의 수행법 중 대중에게 널리 시행되고 사랑받았던 수행법을 꼽자면 단연 염불 수행이다. 누구나 어디에서나 어떤 상황에서나 많은 사람의 문제와 괴로움에 쉽게 다가가 해결해 주었기 때문이다. 염불 수행은 전통적으로 크게 네 가지로 실행되어왔다. 칭명(稱名)·관상(觀像)·실상(實相)·관상(觀想) 염불법이다.

칭명염불은 부처님의 명호를 계속 부르는 염불 수행법을 말한다. 칭명염불을 할 때 불보살의 명호를 부르는 그 자체에 마음을 두지 못하고 산란한 마음으로 행하면 산심염불(散心念佛)이 되고, 불보살 명호를 부르는 것에 집중하며 고요한 마음으로 행하면 사마타의 마음이 이루어지기 때문에 정심염불(定心念佛)이 된다. 산심염불을 하더라도 염불 그 자체에 위신력이 있기 때문에 일정한 시간이 지나면 정심염불이 되어서 마음이 고요해지고 생각과 번뇌 작용들이 사라지게 된다.

관상염불(觀像念佛)은 부처님의 모습을 의식으로 놓치지 않고 기억하는 방법이다. 중국불교에서는 부처님의 모습을 그대로 기억하는 관상염불은 죽은 뒤에 정토에 왕생하게 한다 하여 많은 대중에게 각광 받았다. 반면 실상염불은 일체법의 진실한 자성(自性)인 법신(法身)의 이치를 체득하는 것으로, 만법의 이치가 일심(一心)에 있음을 깨닫는 것이다. 실상염불은 자력으로 깨달음을 성취하려는 사람들에게 관심을 모았던 행법이며, 모든 염불의 궁극의 결과이기도 하다. 관상염불(觀想念佛)은 결가부좌하고 마음을 외부경계에 휘둘리지 않도록 주의 집중하여 부처님의 모습과 공덕을 놓치지 않고 기억하고 공덕의 의미를 되새기는 염불이다. 마음으로 부처님의 공덕을 잊지 않고 항상 부처님을 따르겠다고 서원하는 것이다.

또한 염불은 크게 소리를 내서 할 수도 있고 작은 소리를 내면서도 할 수도 있으며, 마음속으로만 소리를 내어 할 수도 있다. 큰 소리로 염불하는 것을 대념염불(大念念佛)이라고 하는데, 마음이 산란하고 괴로울 때 효과적이다. 작은 소리로 염불하는 것을 소념염불(小念念佛)이라고 하는데, 이 염불은 힘이 없고 병약한 사람에게 효과적이다. 또한 염불은 '석가모니불' 또는 '관세음보살' 등과 같이 한 부처님이나 보살님의 명호만을 부를 수도 있고 여러 부처님과 보살님들의 명호를 함께 또는 연이어서 부를 수도 있다. 한 부처님의 명호를 부르는 염불을 정행염불(正行念佛)이라고 하는데, 같은 음이 반복되어 집중과 사마타의 힘을 키울 수 있다. 여러 부처님의 명호를 부르는 염불을 잡행염불(雜行念佛)이라고 하는데, 이 경우는 위빠사나의 힘을 키울 수 있다.

염불 수행은 시간과 장소적 제약을 받지 않는 것이 가장 큰 특징이지만, 대중이 운집하는 사찰에서는 전통적으로 시간과 기간을 설정하였다. 삼시염불(三時念佛)은 새벽·사시(巳時)·저녁의 세 때에 염불하는 것이며 우리나라 사찰에서 4분 정근에 주로 염불을 시행하고 있다. 별시염불(別時念佛)은 특별한 기간을 정해서 염불하는 것을 의미한다. 각 사찰의 백일기도·천일기도·만일기도가 별시염불의 형태라고 할 수 있다. 우리나라는 신라시대부터 11일·3일·7일 또는 14일·21일·100일 동안 특정한 불이나 보살의 명호를 외우면서 개인 혹은 대중이 결사 도량(道場)에 들어가서 한마음으로 염불하였다. 대표적으로 고려시대 백년결사(百年結社) 운동을 들 수 있다. 요세 스님은 참회행과 미타정토신앙이 불도를 이루는 최선의 방법임을 강조하고, 지눌 스님은 간화선뿐 아니라 농민·천민층을 대상으로 하여 정토신앙이 민중 깊이 뿌리내릴 수 있는 계기를 만들었다. 1216년 전라남도 강진 만덕산(萬德山)에서 백련결사를 결성하여 염불로 일반 백성의 마음의 문제들을 적극 해결하였다.

염불은 그 자체가 마음의 본연과 결합하는 것이라서 마음이 바로 염불임을 깨닫게 하며, 업과 번뇌를 제거하여 우리의 마음이 바로 부처임을 깨닫게 하며, 오탁악세의 현실과 정토세계의 피안이 둘이 아님을 깨닫게 한다. 입으로는 불과 보살의 명호를 부르는 칭명염불을 하더라도 이 염불 소리는 계속 마음을 건드려 업장을 불사르고 사라지게 하여 자연스럽게 업장 속에 갇힌 반야의 지혜를 보게 한다. 이런 염불을 사리쌍수염불(事理雙修念佛)이라고 하는데, 염불 수행은 이 사리쌍수염불의 도정 속에 있다. 입으로 계속 염송하고, 이 염송 소리는 마음을 사마타하여 마음을 위빠사나하게 하기 때문이다. 입으로 계속 염송하는 전수염불(專修念佛)은 마음이 바로 불(佛)임을 알게 한다. 그래서 염불 소리도 불(佛)이고 염불하는 사람도 불인 것이다.

염불 명상 수행의 초심자는 오로지 부처님의 명호를 부르고 특정한 보살의 명호를 부르는 전수염불에 주력해야 한다. 처음에는 오로지 명호 부르는 것에만 마음을 모아야 한다. 불보살의 명호를 부르는 전수염불은 계속되는 염불 소리가 자신의 마음을 건드리고 타인의 마음도 건드리게 된다. 그러면 알 수 없는 개인의 마음들은 염불 소리에 깨어나 각종의 모습과 감정과 생각들로 드러나게 된다. 오롯한 염불 소리는 드러난 마음의 갖가지 모습과 감정과 생각과 이미지를 없애고 없앤다.

이러한 염불 소리와 마음 드러남은 마음의 깊이만큼이나 계속되고 업장 두께만큼이나 계속된다. 이러한 과정을 겪더라도 마음을 모아서 오롯하게 염불을 이어나가면 드디어 영상과 감정과 생각들은 점차 사라지고 몸과 마음이 가벼워짐을 느끼게 된다. 탐욕과 분노와 무지의 마음들이 녹아내리고 지혜의 빛은 점차 밝아진다.

사리쌍수염불(事理雙修念佛)은 이치와 현상을 함께 닦는 염불이다. 사(事)를 닦는다는 것은 입으로 부처의 명호를 부르는 것이고, 이(理)를 닦는 것은 불신(佛身)을 관하는 것이다. 곧 입으로 부처의 명호를 외우고 의식으로 마음을 관찰하여 쌍으로 닦는 염불법이다. 오랜 시간 염불을 하면 사리쌍수염불이 자연스럽게 된다. 그러나 염불 초기에는 전수염불(專修念佛)에 전념해야 한다. 염불의 여러 가지 방법들과 알고 있던 이론들을 버리고 오직 입으로 부처의 명호만을 부르는 칭명염불수행에만 의존해야 한다는 것이다. 이 전수염불은 오직 아미타불의 본원력(本願力)에 순응하여 정토에 왕생하는 정정업염불(正定業念佛)로서, 역사적으로 가장 많이 사랑받았다.

염불 수행은 우리나라의 대표적인 수행법이었다. 신라의 원효대사도 염불 수행을 통한 정토사상을 중시하였으며, 고려 말 나옹화상은 "아미타불이 어디에 계신가를 깊은 마음에 새겨 잊지 말고 집중하고 또 집중하여 무념(無念)에 이르면 온몸이 항상 빛을 놓으리라." 하며 염불삼매(念佛三昧)에 이르는 방법을 제시하였다. 또한 나옹 화상은 "염불 한 소리에 세상 마구니들은 간담이 서늘해지고, 그 이름이 저승 명부에서 지워지며 연꽃이 황금 못에서 나온다."는 선시(禪詩)를 지어 염불선의 중요성을 개진하였다.

염불할 때에는 갖추어야 할 기본적인 세 가지 요소가 있다. 첫째는 믿음[信]이다. 염불이 업장 소멸과 지혜 구현의 최고의 방법임을 확신하는 것이다. 이 믿음이 확실해야만 계속된 칭명염불과 전수염불을 이어나갈 수 있기 때문이다. 둘째는 원(願)을 굳건히 세워야 한다. 현실의 괴로운 마음을 기필코 버리고 해탈하겠다고 서원을 세우고, 모든 고통을 다 버리겠다는 서원을 세우는 것이다. 셋째는 불보살의 명호를 계속 외우는 실행이다. 앉거나 서거나 괴로울 때나 즐거울 때나, 행(行)·주(住)·좌(坐)·와(臥)·어(語)·묵(黙)·동(動)·정(靜)에서 늘 불보살의 명호를 외우는 것이다. 불보살의 명호를 외우는 그 자체가 사마타의 기법이며, 사마타는 언제나 마음을 열고 마음을 위빠사나하게 하여 나의 부처님 마음을 보게 하기 때문이다.

만트라 명상

만트라(mantra)은 진언(眞言) 또는 다라니(陀羅尼)라고도 한다. 진언이란 참된 말, 진실한 말, 진리의 말을 담고 있다는 의미이다. 산스크리트어를 번역하지 않고 음 그대로를 믿고 외우는 것으로, 번역하지 않는 이유는 깊은 뜻이 한정되는 것을 막고 심연의 진리로 들어가기 위함이다. 밀교에서는 주다라니(呪陀羅尼)라 하며, 재난을 없애는 힘이 있다고 보았다. 초기불교 당시에 석가모니 부처님은 세속적 주술이나 밀법(密法)이 성행하는 것을 엄금하기도 하였다. 부처님이 계시던 당시에는 현세에서 이익을 얻고 자신의 욕망을 실현하기 위해 만트라가 널리 유행하였는데, 이로 인해 자신의 마음을 성찰하여 무아(無我)를 체득해야 하는 불교의 목적이 탈색

되었기 때문이다. 그럼에도 불구하고 만트라의 신비한 효능으로 인하여 초기불교 경전도 호신주(護身呪) 등의 만트라를 채용하지 않을 수 없었으며, 대승불교에 이르면 많은 만트라가 등장하기에 이른다.

만트라는 다라니라고도 하는데, 다라니라고 이름할 때는 마음의 정신적 변형과 몸의 물리적 변형을 일으킬 수 있는 발음·음절·낱말 또는 구절이라는 의미를 지니고 있다. 만트라를 총지(摠持)라고도 하는데, 지혜를 뜻하고 삼매(三昧)를 뜻하며 모든 의미의 함축을 의미한다. 다라니는 우주의 실상(實相)에 계합하는 수많은 법문(法門)을 보존하고 있다. 그래서 하나의 다라니만을 기억하고 잊지 않아도 선법(善法)을 늘 지키고 악법을 물리칠 수 있다. 특정 만트라는 밀주(密呪)라고도 하는데, 비밀스런 주문을 담고 있기 때문이다.

만트라는 정신적 깨달음 외에도 심리적이거나 물리적인 목적으로도 사용되었다. 다시 말해 사악한 존재들의 해침으로부터 자신과 주위를 보호하기 위해서 차단의 수단으로 사용되기도 하였다. 밀교 경전을 읽다 보면 온갖 신들의 명호가 등장한다. 이 신들은 모두 중생을 위호하는 신이기 때문에 신의 명호에 귀의하는 그 자체가 마음을 다스린다고 보았기 때문이다.

불교나 힌두교에서 가장 많이 쓰였던 만트라는 '옴(om)'이다. 옴은 태초의 음절이자 근원의 음절이며, 진리로 들어가는 심오한 음절이기도 하다. 동아시아 전역에서 가장 많이 염송된 만트라는 '옴 마니 반메 훔(om maṇi padme hūṃ)'이다. 이 만트라는 영적으로 완성을 이룬 스승에게서 전승된 것으로 많은 수행자에게 영적인 마음과 지혜의 빛을 보게 한, 불교의 대표적인 만트라이다.

대승불교에 이르면 다방면으로 중생을 이롭게 하는 보살들이 등장한다. 많은 중생을 교화하려는 보살은 중생의 고통을 해결해주는 다라니를 얻어야 하며, 보살만의 특정 다라니를 얻으면 무량한 불법(佛法)을 잊지 않고 자유자재로 제도할 수 있다고 보았다.

만트라의 내용은 제불보살의 이름으로 구성되거나, 제불보살의 공덕을 찬탄하는 구절로 구성되거나, 불교의 핵심 교리를 표현하거나, 진리를 상징하는 음과 구절을 합성하는 것 등이 있다.

우리나라에서는 국가가 위기에 봉착했을 때, 고승들이 진언을 사용하여 국가적 위기를 극복한 예가 여러 차례 있다. 대표적인 예로, 신라의 명랑(明朗) 대사가 문두루비법(文豆婁秘法)을 사용하여 당나라 수군을 두 차례나 물리쳤다.

신라의 무열왕은 백제와 고구려의 연합에 대항하며 삼국을 통일하기 위해 당의 군사를 빌렸다. 나당연합군이 백제를 멸망시킨 후 당은 부여에 웅진도독부를 설치하고, 신라에도 계림대도독부를 설치하고, 고구려가 멸망하자 평양에 안동도호부를 설치하며 한반도 전체를 지배하려는 속셈을 드러냈다. 당은 신라까지 점령하기 위해 여러 차례 크게 군사를 일으켜 공격해 왔다. 671년 당이 50만의 대군을 이끌고 침공하려 하자 이 정보를 입수한 문무왕은 명랑 대사에게 적을 물리칠 비책을 물었다.

시간이 촉박했기에 명랑 대사는 경주 남쪽 낭산(狼山)의 신유림(神遊林)에 곱게 물들인 비단을 사용하여 임시로 절을 만들고 잡풀로 5방위의 신장을 만들어 도량을 열었다. 그러고는 이름난 유가승(瑜伽僧) 12인과 함께 문두루비법을 썼다. 그러자 서해에 거친 바람과 파도가 일어 당나라 수군의 배가 모두 침몰되었다. 50만 대군을 실은 배가 싸움 한 번 제대로 하지 못하고 황천길로 들어섰다. 문무왕은 그 자리에 절을 지어 사천왕사(四天王寺)라고 이름하였다.

명랑 대사가 펼친 문두루비법은 『금광명경(金光明經)』의 가르침을 따른 독특한 비밀주법(秘密呪法)이었다. 문두루는 산스크리트어 무드라(mudra)의 음사로 신인(神印)으로 번역된다. 명랑 대사에 의해서 처음으로 전해진 이 비법은 『불설관정복마봉인대신주경(佛說灌頂伏魔封印大神呪經)』에 의한 것이다. 이 경을 불단에 봉안하고 다라니 등을 독송하여 적과 대적하기도 전에 다라니 진언만으로 전쟁을 물리치고 국가를 수호하였던 것이다.

문두루비법이라는 진언법이 전해지면서 고려시대에도 문두루비법은 자주 개설되었다. 고려의 동북쪽에서 완안여진(完顔女眞)과의 대결이 있었던 1108년(예종 3)에 북쪽 국경 가까운 진정사(鎭靜寺)에서 문두루도량을 열었고, 1074년(문종 28)에 경주의 사천왕사에서 27일 동안 문두루도량을 열었으며, 몽고족의 침략이 있었던 1217년(고종 4)에도 이 도량이 개설되었다. 이를 보면 우리나라는 전통적으로 다리니 계통의 경전과 다라니가 결정적으로 외침과 국난 극복에 큰 역할을 하였다.

불국사의 석가탑을 해체하였을 때 탑 속에서 『무구정광대다라니(無垢浄光大陀羅尼)』가 나왔다. 이 다라니는 석가모니 부처님이 16지옥에 떨어질 위기에 봉착한 바라문을 구제하기 위해 염송하게 한 것이다.

한편 『수능엄경(首楞嚴經)』에 있는 능엄주는 우리나라 사찰에서 즐겨 염송되었다. 현세 이익적 차원에서 염송되었던 여타의 다라니와는 달리 능엄주는 모든 부처님의 주심(呪心)이라고 한다. 또한 이 다라니를 받들면 마군과 외도를 조복시킬 수 있으며, 고통 받는 모든 중생을 제도할 수 있다고 한다. 능엄주를 8,000번 염송하면 무상정(無相定)에 들어가고 무량죄업이 소멸하며 무량공덕을 성취한다고 한다.

우리나라에서 가장 많이 염송되었던 다라니를 꼽자면 단연 천수다라니(千手陀羅尼)이다. 『천수경』에 들어있는 대비주이다. 이 다라니는 관세음보살의 위신력을 찬양하는 다라니로서 모든 중생의 고통의 소리에 감응하는 관세음보살이기에 이 다라니의 염송으로 많은 불교 신자들이 견성과 대도를 성취한 바 있다.

'옴 마니 반메 훔'이 관세음보살의 마음을 압축한 여섯 글자의 약주(略呪)이라고 하다면, 『천수경』의 대비주는 관세음보살의 위신력을 자세하게 풀이한 광대주(廣大呪) 만트라라고 할 수 있다. 반면 '관세음보살'은 바로 보살의 명호를 직접 염송하는 것으로, 관세음보살은 오탁악세의 중생에게 다가가고 오탁악세의 중생은 불보살로 진입해 가는 명호라고 할 수 있다.

또한 '나무 사다남 삼막 삼못타 구치남 다냐타 옴 자례 주례 준제 사바하 부림'이라는 준제주도 즐겨 염송되어 왔다. 7억의 불모(佛母)인 준제보살이 설한 주문으로, 다른 어떤 만트라보다 위력과 공덕이 크다고 하며 이 만트라를 염송하면 도를 깨달을 수 있다고 한다. 특히 이 만트라는 몸이 아픈 사람에게 뛰어난 효과를 주었다. 만트라의 음송이 몸으로 파고드는 음파를 타고 있기 때문이다.

또한 우리나라 불가에서 많이 염송하는 만트라가 있다. 바로 참회진언 '옴 살바 못자 모지 사다야 사바하'이다. 이 만트라의 음이 참회의 마음을 불러일으키며 이미 지어놓은 업장의 마음들을 기억하게 하고, 이러한 기억들이 만트라의 사마타의 힘으로 마음에서 떨어지게끔 하기 때문이다.

우리나라에서 염송하는 대표적인 만트라는 '관세음보살'의 명호를 염송하는 칭명염불의 만트라이다. '관세음보살' 만트라는 칭명염불(稱名念佛)과 전수염불(專修念佛)의 대표적인 것으로, '관세음보살'의 위신력도 담고 있어서 불교를 접하면서 수행에 들어가는 초심자가 쉽게 접근할 수 있는 수행 방법이다. 잘 알려진 보살의 명호이면서도 간단하고 쉽게 발음되어 마음 집중에 매우 탁월하다.

현재, 우리나라에서 가장 칭송되는 만트라는 '옴 마니 반메 훔'으로 대한불교 진각종에서 실수되며, 칭명염불에 의한 만트라는 '관세음보살'이며 대한불교 천태종에서 염송된다. 모두 관세음보살과 관련된 만트라이다. 뿐만 아니라 대한불교조계종과 대중 사찰에서는 재일(齋日)에 따라서 '석가모니불' '나무아미타불' '지장보살' '화엄성중' 등의 만트라를 염송하고 있다.

음악 명상

음악은 인간의 사상과 감정을 음으로 나타내는 소리 예술이다. 인간은 태초부터 여러 가지 감정표현을 위해 사람 소리와 도구 소리 또는 자연 소리에 관심을 가져왔다. 음악은 민족과 시대에 따라서 다양한 모습으로 발전해왔다. 음악은 인종과 시대를 넘어서 인류 역사의 곳곳에 나름의 감정 향기를 스며들게 하였다. 특히 모든 종교의식과 예배에 결합되었으며, 소통과 오락이 있는 곳에는 다양한 형태의 기재로 등장하곤 하였다. 따라서 음악에는 각 민족·국가·시대·역사별로 다양한 철학과 문화를 담는 감성의 마음들이 담겨 있다.

이런 다양한 음악이 명상과 결합하면 이를 접한 개인은 다양한 심리를 경험하게 된다. 우리 마음에는 현재 이전의 경험들과 감정들이 종합적으로 기록되어 있고 현재의 심리에 영향을 주기 때문이다. 심층 내면에 저장되어 현재 심리에 영향을 주는 경험들과 감정들이 음악을 만나게 되면, 둘 간의 결합과 교류로 인하여 마음은 희로애락의 감정을 드러내기도 하고, 춤과 같은 동작으로 드러내기도 하고, 혹은 의욕과 욕구와 행위로 드러내기도 한다. 감정을 대표할 수 있는 것이 음악이기에 가능한 것이다.

음악은 명상의 요소로는 사마타에 해당한다. 사마타는 한곳으로 계속 진행하는 마음의 속성과 같은 것인데, 음악은 외부로 그 소리를 계속 전달하는 기능이 있기 때문에 사마타의 기능이 있다고 하는 것이다.

어떤 음악이라도 마음을 열고 일정한 음악을 받아들여서 듣겠다고 마음먹으면 음악의 선율과 리듬과 구성은 개인의 마음을 건드리게 된다. 음악 자체를 계속 집중해서 듣기만 하면 사마타이다. 그래서 우리 속에 담겨 있는 감정·사연·과거사·인연이 마음 표면으로 올라오게 한다. 음악 명상은 음악을 통하여 우리 마음을 드러나게 하고 마음들을 알게 하며 마음들을 흘려보내게 된다.

이때 가장 중요한 것이 음악을 수용하는 마음가짐이다. 음악을 수용한다는 것은 음악을 받아들이는 것이며 드러난 마음을 그대로 관조하고 집중하는 것이다. 음악을 수용하는 마음가짐이 수행의

2대 요소인 사마타의 기능이며, 관조하는 마음가짐이 수행의 최고 덕목인 위빠사나인 것이다.

음악 명상은 처음에는 명상음악과 같이 고요하고 정적인 것들을 선택하여 접하는 것이 중요하다. 켜켜이 쌓여 있는 심층 내면의 마음은 다양한 정서·역사·사연과 인연·경험들을 담고 있기 때문에 음악 사마타가 어느 정도 이루어지면 다양한 장르의 음악을 명상의 기재로 사용할 수 있다. 다양한 장르의 음악은 다양한 정서를 담고 있어서 다양한 마음을 알게 하기 때문이다.

영화음악은 영화의 스토리를 담고 있기 때문에 마음속 사연과 인연을 드러나게 한다. 민속음악은 민족의 정서와 역사를 담고 있기 때문에 심층 내면의 강한 민족적 인연을 드러나게 한다. 가곡은 우리 민족의 정서와 한을 일깨우기도 하며 음률과 가사는 민족 공통의 정서를 자극한다.

악기 소리에 의해서도 마음은 요동친다. 관악기·타악기·현악기의 소리는 저마다 다른 속성을 가지고 있기 때문이다. 거문고나 바이올린과 같은 현악기는 음이 계속 이어져서 흘러나오기 때문에 가늘고 긴 사마타의 효과를 볼 수 있으며, 장구 소리와 북소리의 경우는 마음을 두드리는 사마타의 기능을 십분 발휘한다. 성악가의 목소리에 의해서도 마음은 자극된다. 자연의 소리, 즉 새소리나 풀벌레 소리, 파도 소리, 계곡 물소리 등은 원초적인 우리의 마음을 드러내게 하여 마음을 치유하는 효과가 있다.

예를 들어 보자. 〈어머니 은혜〉라는 노래가 있다. 이 노래는 가수가 부른 곡이 있고, 피아노나 바이올린 연주곡이 있고, 오케스트라 연주곡 등 다양한 장르가 있다. 어떤 연주곡이냐에 따라서 마음의 건드림이 다르다. 어떤 사람은 노랫말에 의해서 마음이 올라온다고 하고, 어떤 사람은 음조와 리듬에 마음이 슬퍼졌다고 하며, 어떤 사람은 특정한 악기 소리만 잘 들린다고 한다. 〈어머니 은혜〉와 같이 특정한 주제를 가지고 있는 음악 소리는 어머니에 대한 기억과 향수를 불러일으킨다. 개인이 어머니에 대한 감정적 마음을 알게 하고, 그와 관련된 추억을 떠올리게 한다. 이와 같이 사랑에 대한 감정을 주제로 하는 노랫말은 사랑의 감정을 알게 한다. 명상에 이를 접목하여 위빠사나를 할 경우에 그러한 감정들은 부유층처럼 마음 표면에 드러났다가 사라지게 된다.

특히 나무의 나이테와 같이 겹겹이 들어차 있는 마음 심리층은 우리가 알 수 없는 외로움과 두려움의 감정들과 그와 관련된 기억들을 지니고 있다. 그래서 두려움을 불러오는 전쟁 음악들과 스릴러 음악들은 어떤 장르를 막론하고 심층 내면의 외로움과 두려움의 감정들을 불러일으킨다. 음악 명상 입문자는 이런 음악을 들을 때, 조심스럽게 다가가야 한다. 평소에 알 수 없는 공포나 두려움 또는 걱정이 많은 사람은 두려움을 일으키는 스릴러 음악을 명상음악으로 선택하면 오히려 알 수 없는 많은 감정을 자극하여 고소공포증이나 폐소공포증, 광장공포증을 유발할 수 있기 때문이다.

이와 같이 명상의 기재로 사용할 수 있는 소리 명상이나 음악 명상은 매우 다양하다. 그러나 명상음악이라고 하는 고요하고 안정된 음악을 즐겨 사용하는 데는 그 이유가 있다. 개인의 심리 내면은 깊고 다양하고 현재 경험하지 못한 감정들로 가득한데, 이런 감정들이 폭발적으로 드러나면 개인이 감당하기 힘들기 때문이다. 그래서 음악 명상을 처음 시작하는 사람들은 처음에는 명상음악으로 출발하는 것이 바람직하다. 특히 불교 명상음악은 음악 명상을 하는 초심자에게 매우 유익하다. 범패 음악 명상이나 염불 소리, 만트라 송, 찬불가 등은 마음을 불러일으키기도 하지만 그 소리나 음률과 의미가 마음을 가라앉히는 요소들도 지니고 있기 때문이다.

요즘 세간에는 트로트 열풍이 대단하다. 트로트 가요를 좋아하는 사람들은 그 가요에 묻어 있은 음색과 선율도 좋아하지만 가사말을 공감하기도 한다. 이런 트로트 가요 음악도 명상음악의 기재로 사용할 수 있다. 한 서린 어떤 노랫말과 음조가 내 마음의 감정을 불러일으킬지 모르기 때문이다.

음악 명상은 다양한 장르가 있고, 리듬·선율·화성 외에 음을 구성하는 음조·음색·기악편성법 등이 있어서 다양한 마음층과 다양한 감정층을 알기에 매우 알찬 명상 도구라고 할 수 있다.

음악 명상을 사마타로 하여 몸을 위빠사나를 할 경우에는 음악 명상이 진행되는 동안 몸에서 일어나는 반응을 관찰할 수 있으며, 감정을 위빠사나를 할 경우에는 마음에서 일어나는 감정을 읽을 수 있으며, 마음을 위빠사나를 할 경우에는 심리 내면에서 일어나는 영상지와 알 수 없는 기억들의 조합을 경험할 수 있다. 음악 명상은 집중하기에 용이하고 누구나 어디에서나 접근하고 경험하기 좋은 명상방법이다. 사찰이나 명상센터와 같은 일정한 장소를 막론하고 걷거나 앉거나 움직이거나 일하면서 할 수 있는 명상법이다. 밭에서 일하면서 집안일 하면서도 할 수 있으며 공부하면서도 할 수 있는 방법이다.

우리는 수행과 명상이라면 일정한 장소에서 일정한 형식과 내용을 가지고 하는 것이라고 알고 있다. 조용한 곳에서 정갈하고 일정한 모습을 하고 면벽하는 것으로 알고 있다. 그러나 생활 속 명상은 일정함의 규격을 내려놓아야 진정한 명상이다. 눈으로 보는 것을 마음으로 관찰하면 그것이 눈관찰 명상이요, 귀로 음악 소리를 들으면서 마음을 관찰하면 귀관찰 명상이요, 코로 냄새를 맡으면서 올라오는 마음을 관찰하면 코관찰 명상이며, 입으로 맛을 보면서 마음을 관찰하면 입관찰 명상이다. 관찰이라는 위빠사나를 하면 모든 일상의 일은 마음을 보는 명상 수행과 연결될 수 있기 때문이다.

그러나 수행이 몸과 마음에 늘 접목되어 있지 않는 초심의 명상 수행자들은 명상원과 법당 같은 고요한 장소에서 법문과 같은 진리의 음을 듣고, 만트라와 염불과 같은 안정되고 사마타를 겸비한 소리를 듣는 것이 좋다. 법문과 염불은 소리 명상의 핵심이고 음악 명상의 기초가 되기 때문이다.

'옴 마니 반메 훔' 소리를 내면서 자신의 마음을 위빠사나해 보자. '관세음보살'을 염송하면서 자신의 마음을 위빠사나해 보자. 마음이 괴롭고 힘들 때 또는 강한 경계에 마음이 흔들릴 때, '옴 마니 반메 훔' 또는 '관세음보살' 염송 소리를 내고 계속 듣게 되면 마음은 일어났다가 사라짐을 반복하면서 평정심을 되찾게 된다. 어느 날 문득 아무 연고도 없이 그저 바라보는 마음인 본연의 지혜의 마음만 있음을 깨닫게 될 것이다.

자연 명상

업은 일반적으로 세 가지가 있는데, 몸으로 짓는 신업(身業)과 말로 짓는 구업(口業), 의식으로 짓는 의업(意業)이 있으며, 이것은 자신이 스스로 짓는 업이기 때문에 자업(自業)이라고 한다. 특히 의식으로 짓는 의업은 생각에 의해서 만들어지는데, 같은 부류의 생각을 반복하게 되면 고정된 무지업(無知業)을 만들어 말과 행동에 직접 영향을 주게 된다. 이러한 업은 모두 자신의 마음[아뢰야식]에 저장되어 직접 자신의 마음을 만들게 된다. 일체유심조(一切唯心造)인 것이다. 이 마음이 다시 몸과 말과 생각으로 세 가지 업을 만들어, 끝없는 윤회의 괴로움을 받게 한다. 일체개고(一切皆苦)인 것이다. 이것을 불교에서는 인과(因果)라고 하며, 업보(業報)라고 한다.

몸으로 짓는 신업 가운데 대표적인 것은 생명을 해치는 살생(殺生)과 주지 않는 것을 임의로 가져오는 투도(偸盜), 성적 까르마를 제멋대로 부리는 사음(邪淫)의 세 가지가 있다. 말로 짓는 구업의 대표적인 것은 거짓말의 망어(妄語), 아첨하는 말의 기어(綺語), 욕과 같은 험한 말의 악구(惡口), 이쪽과 저쪽에 다른 말을 전하는 이간질하는 말의 양설(兩舌)의 네 가지를 의미한다.

의식으로 짓는 의업을 제외하고, 몸과 말로 짓는 일곱 가지 업을 7지악업(七支惡業)이라고 한다. 이 일곱 가지 악업이 마음에서 치성하게 일어나면 7지 악업에 업력이 따르게 되어 마음으로 들어가는 사마타와 마음을 보는 위빠사나의 진정한 명상 수행을 어렵게 만든다. 그래서 7지 악업을 일삼는 단계에 있는 사람들에게는 악업을 저지하고 업행을 단속하는 계율 수행이 무엇보다도 선행되어야 한다. 5계를 지킴으로써 다섯 가지 감각기관으로 판단하고 생각하고 행동하는 것을 차단하고 오욕칠정(五欲七情)을 금할 수 있기 때문이다. 이때 불자들은 불도에 입문하여 수계의식을 밟기도 한다. 악업이 난동을 부리는 것을 막고 금지시켜야 그 다음의 선정을 이루고 지혜로 나아갈 수 있기 때문이다. 이것이 불교의 계정혜(戒定慧) 3학(三學)의 근본정신이다. 금지된 계율을 지키게 되면 다음으로 사마타와 위빠사나 수행에 본격적으로 진입하게 된다.

다시 말해 7지 악업이 어느 정도 정화되고, 스스로 자제하게 되면 드디어 명상 수행자는 마음 안으로 진입하게 된다. 이 진입하는 과정을 사마타 또는 정(定)이라고 하고, 마음 안으로 진입하여 스스로의 마음을 보는 것을 위빠사나 또는 혜(慧)라고 한다. 마음 안에는 일차적으로 잠재적 7지 악업이 저장되어 있는데, 이러한 잠재적인 업들을 자업(自業)이라고 하며, 이 외에도 자업의 반쪽이 외부로 나가서 만든 공통의 업들을 공업(共業)이라고 한다.

이 공업 중 대표적인 것이 자연환경과 세계라고 할 수 있다. 어떠한 마음의 작용이라고 하여도 그것 중 일부는 나의 물질과 나의 감정과 생각과 의지작용들을 만들지만, 일부는 밖으로 나가서 타인과 외부의 마음들의 물질과 감정, 정신세계 등을 만들기 때문이다. 불교에서는 수많은 각자의 마음 일부가 외부로 나가서 만든 것을 기세간(器世間)이라고 하며, 기세간의 대표적인 것으로 자연환경과 세계를 꼽고 있다.

명상 수행으로 심연의 마음의 구조와 세계를 알고자 노력했던 인도의 유가사(瑜伽師)들은 세세생생 저장된 마음인 아뢰야식(阿賴耶識)에는 공업의 기세간인 자연환경이 저장되어 있으며, 이는 항상 우리의 마음과 직접적으로 관계하는 것임을 발견하였다. 자업 너머 공업의 자연환경과 끝없는 법계의 세계들이 우리 마음에 영향을 주고 있음을 사마타의 힘으로 위빠사나했던 것이다. 유가사들은 외부의 알 수 없는 마음들과 드넓은 자연환경 속에 있는 마음들이 자신의 의지와 상관없이 늘 개인의 마음에 들어오고 있다는 것을 알았던 것이다. 우리가 늘 함께 하고 늘 교류하는 자연환경의 공업의 마음들이 나와 내 가족과 내 주변과 나의 인식 범위와 생각에 영향을 주며, 언제나 어디서나 마음에 들고나며 자타(自他) 서로에게 영향을 주고 있다.

자연환경을 위시하여 드넓은 공업의 마음들은 스스로 짓는 자업보다 그 범위도 광대하고, 그 시간성도 매우 길어서 깊고 깊은 아뢰야식의 마음에 직접 관계한다. 어떤 이들은 묻기를 "심층 내면 의식이라고 할 수 있으며, 알 수 없는 심연의 업장의 마음인 아뢰야식의 마음들에 어떻게 다가가고 어떻게 닦을 수 있는가?" 하고 질문한다. 그 대답은 자연에서 찾을 수 있다.

자연 명상은 우리 마음의 외부이자 우리 마음의 심연에 해당하는 본식(本識)과 직접 관계한다. 자연의 땅[地], 물[水], 불[火], 바람[風], 허공[空] 중 하나의 요소라도 빠지게 되면 우리는 살 수 없다. 그런데도 우리는 생명의 젖줄을 무시하고 파괴하면서 자신의 이득만을 취하면서 살아간다. 제 살을 깎아 먹고 산다고나 할까?

자연 명상은 수많은 자연의 요소 하나하나가 우리 심연의 마음들에 늘 영향을 주고 있음을 깨닫게 하고, 심층 마음의 장막을 거두고 지혜를 열리게 하는 명상법이다. 마음은 물질층, 감성층, 생각층, 행위층 등 다양한 층으로 형성되어 있다. 물질층은 몸을 만든다 해도 이 몸은 여러 감정층 등 다양한 마음층에 의해서 만들어지고, 특히 자연환경은 심층의 토대와 같은 마음들을 만들어낸다. 자연환경은 하나의 마음으로만 만들어지지 않으며, 인간의 심성의 심층에 여러 관계[緣]의 끈으로 연결되어 있다. 그래서 자연환경을 외연(外緣)이라고 하는 것이다.

자연 명상 가운데 대표적인 것은 우리 마음의 단단함이 나가서 만든 땅기운과 접촉하는 것이다. 외부의 땅과 바위, 산 등은 각자 개인 마음의 지성(地性)이 외부로 나가서 만든 우리의 또 다른 모습이다. 이러한 모습들을 눈으로 보고, 귀로 들으며, 코로 냄새 맡고, 입으로 맛보고, 손과 발 등의 몸으로 접촉하고, 인식으로 하나 되는 것이다. 지성을 품고 있는 산과 바위 위로 직접 오르고 눈으로 보고 그들의 기운을 코로 흡입하고, 소리를 듣다 보면 우리 마음은 수많은 대상과 소통하면서 넓어지면서 시원해지는 것을 느끼게 된다.

겨울의 눈길을 걸어보자, 발로 눈의 속성과 접촉하고 뽀드득 눈 밟는 소리를 들으면서 하얀 눈을 보면서 걷다 보면 그 자체가 명상이며, 마음은 5관을 통하여 들어오는 소리와 접촉의 느낌과 하얀색으로 계속 사마타하게 된다. 자연의 눈길은 5관으로 접촉하면서 다양한 방면으로 마음에 들어오기 때문에 대승적 사마타의 역할을 해준다.

강과 계곡과 바다의 수성(水性)은 물이라는 다양한 속성을 가지고 있어서 우리 마음의 유연성과 화합성을 기르게 하며, 마음의 여유를 주게 된다. 자연 명상을 하면서 간혹 비를 만나기도 하는데, 빗소리를 들으면서 하염없이 걷다 보면, 일정한 빗소리 바람 소리는 우리 마음의 막혀있는 곳을 건드려 주기도 하고, 무너뜨리기도 한다. 일정한 소리들은 마음을 열어서 듣기만 하여도 사마타의 역할을 충분히 하기 때문에 마음을 열리게 한다. 자연의 소리는 한 가지로 집지할 수 없는 대(大)의 마음들과 함께 한다. 또한 고정되어 있지도 않다. 빗소리를 듣고 있자면 바람 소리가 들리고, 낙엽 구르는 소리가 들리고, 나무 흔들리는 소리가 들리고, 새소리, 벌레 소리 등 다양한 소리가 들린다. 하나의 소리만 듣겠다고 마음을 다잡아도 다양한 소리는 마음을 여지없이 방해한다. 이 소리도 듣고 저 소리도 듣고, 화합된 소리도 듣게 만든다. 이 소리 저 소리를 들어도 마음은 점차 유연해진다. 스트레스는 간 곳 없다. 판단과 분별을 내려놓고 들리는 대로 듣는 것이 자연 명상이다. 그래서 자연 명상은 수용성인 것이며, 정해진 시간과 장소도 뛰어넘는다.

겨울날 우연히 마주친 따뜻한 햇빛 한 자락은 내 어깨를 감싸 준다. 햇빛 자연 명상은 그야말로 힘들고 고달팠던 내 마음을 깊게 사마타해 준다. 장막 치며 나 홀로 있는 마음들을 밀어내 준다. 햇빛을 맞이하면서 걷거나 앉아 있으면, 마음의 정체된 허물들과 굳어져 있는 고정관념들이 저절로 보이기 시작한다. 햇빛 공업의 위력이라고

나 할까?

물질이 많아지고 풍부해질수록 사람들이 정신적인 안정과 여유를 갖게 되는 것은 아니다. 주말이면 관광지를 끼고 있는 주요 고속도로가 정체와 지체를 거듭하는 데에는 정신을 맑게 해주고 쉼을 주는 좋은 자연의 혜택을 본능적으로 알기 때문일 것이다. 각자의 마음을 만드는 것은 스스로의 자업에 의한 것이지만, 공업의 자연환경은 개인의 심연의 마음을 만들기도 하지만 마음을 확장시키기도 하고, 자업을 없애주기도 한다. 마음은 스스로 이를 안다.

자연환경은 우리 마음의 젖줄이면서 어찌 보면 토대나 다름없다. 우리는 얼마만큼 윤회하여 이 치성한 번뇌의 마음을 만들어 놓았는지 모른다. 알 수 없는 심연의 마음들을 알아가는 과정은 마음의 공성(空性)과 무아성(無我性)을 보는 것보다 더 어려울지도 모른다. 그러나 자연은 공업이기에 공감하고 공명하며 공통의 요소들을 간직하고 있다. 친해지면 친해질수록 마음은 공감하며 평등하게 열리게 되어 있다.

생각관찰 명상

불현듯 생각이 찾아온다. 생각은 어디에서 오고 어떤 형태를 띠고 있을까? 자신의 생각을 잘 살펴보면 이전에 자신이 몸·말·의식에서 한 행위들이 다시 발생하면서 생기는 것임을 알 수 있다. 또한 좋고 싫음의 상대적인 분별 작용으로 생기는 것임도 알 수 있다. 그러나 생각은 종류도 많고 일어나는 수도 셀 수 없이 많기 때문에 우리는 늘 생각을 하고 있어도 무슨 생각을 하고 있는지 모른다.

생각은 ① 몸을 관찰하면서도 알 수 있으며, ② 감정과 느낌을 관찰하면서도 알 수 있고, ③ 순수한 생각만을 관찰하면서도 알 수 있으며, ④ 관계를 맺을 때 알 수 있다. 다시 말해 대상을 보고 듣고 냄새 맡고 맛보고 감촉하면서도 알 수 있다.

이 가운데에 순수한 생각 작용을 관찰하는 명상은 불현듯 떠오르는 이미지나 단어, 문장 혹은 개념들을 스스로 알고 관찰하는 것을 의미한다. 생각의 종류는 셀 수 없이 많으나 그 생각들을 단 몇 분만이라도 면밀히 관찰하면 자신의 마음 심리의 상태를 알 수 있고, 생각에 지배되는 자신의 모습들을 발견하게 된다. 이전에 자신이 몸과 말과 의식에서 지은 업에 의해 발생하는 생각들은 일차적으로 감각기관에 의지하여 일어남을 알 수 있다.

자신이 지은 몸과 말과 의식의 부정적 업은 이미 마음에 저장되어 있기 때문에 발생하는데, 생각으로 확연하게 드러난다. 특히 부정적 생각들은 일차적인 감각기관에 의지하여 일어나며 부정적 생각들이 많으면 자기성찰과 자기반성은 전혀 일어나지 않는다. 일상에서 일어나는 강한 생각들을 관찰해 보면 오로지 개인적 '나'라는 존재만이 중시되어 일어남을 알 수 있으며, 생각의 저변에는 욕망이 살아 움직이고 있음을 알 수 있다. 이러한 생각들은 '나'만을 고정적으로 인식하기 때문에 보고, 듣고, 냄새 맡고, 맛보고, 몸으로 부딪치는 5관의 활동들에만 열중한다.

부정적 생각들은 마음 내부에 저장된 몸과 말과 의식으로 지은 업 종자들의 발현이다. 이는 눈·귀·코·혀·몸이란 감각기관을 지배하고 '나'라는 자아의식을 공고히 하기 때문에 자아의식과 차별적 분별의식과 감각기관의 5관의식을 투과하면서 드러난다.

대표적 부정적 생각을 살펴보면 살생에 대한 생각, 노력하지 않고 얻으려는 훔치는 생각, 음욕에서 일어나는 생각, 거짓말, 아첨하는 말, 이간질하는 말, 욕하는 말 속에서 발견할 수 있다. 또한 부정적 생각들은 화났을 때 자신의 생각과 감정들을 관찰하면 알 수 있다. 화나는 감정들은 내가 하고자 하는 것이 있을 때, 하고 싶은 것이 저지되는 상황에서 발생되며, 자신의 강한 개념이 상대의 강한 개념과 부딪쳤을 때 주로 발생한다. 수많은 생각을 모두 관찰할 수 없지만 부정적 생각은 감정과 행동을 유발하는 특징을 지니고 있기 때문에 자신의 행동을 관찰하면 누구나 알 수 있다.

부정적 생각은 크게 두 가지로 나누어 그 상태를 알아차릴 수 있다. 기억 속에 남아 있는 부정적 생각과 표면의식에서 드러나는 부정적 생각이다. 기억 속에 남아 있는 부정적 생각은 현실적으로 아무런 일과 상황이 만들어지지 않아도 불현듯 나쁜 생각을 하고 있는 경우이다. 표면의식으로 드러난 악업의 생각은 감각기관으로 무언가 보고 듣고 냄새 맡고 맛보고 몸으로 감촉하면 바로 이를 취하려는 의도된 생각의 모습들에서 알 수 있다. 감각기관인 5관으로 무언가를 접촉하면 바로 생각을 하게 되는데, 이때를 관찰하면 감각적인 것에 노출된 생각을 알 수 있다.

악업에 의한 부정적 생각은 특징이 있다. 생각이 반복되며, 생각이 고정되어서 바뀌지 않으며, 감정과 행동을 동반하며, 길게 이어지며, 구체적이며, 컬러와 영상을 동반한다. 악업의 생각은 주로 굳고 고정된 마음과 강한 감정의 마음과 본능적 마음과 관련되어 있다. 굳고 고정된 마음에서 발생하는 생각은 생각이 일어나면 같은 생각이 반복적으로 일어난다. 강한 감정의 마음에서 일어나는 생각은 좋은 싫은 감정을 동반하고 감정이 식을 때까지 생각이 끊임없이 일어난다. 본능적 마음에서 일어나는 생각은 '먹고 싶다' '갖고 싶다' '이걸 하고 싶다' 등 욕망에 대한 생각이다.

악업의 의한 부정적 생각을 제도하는 방법은 좌선하면서 악업을 지었던 과거를 회상하여 하나하나 떠올려 없애는 방법도 있지만, 명상 수행법으로는 부정관의 위빠사나 명상법이 적당하다. 이미 마음속에 지어놓은 악업에 의한 생각들은 고정되어 있고 감정을 동반하며 동일한 생각을 반복하기 때문에, 이를 관찰하면 마음의 현상은 주로 단단한 물질의 형태로 보이고 느껴진다. 이럴 경우에는 부정관의 명상법으로 쉽게 제거될 수 있다.

감각기관에 의해서 좌지우지되는 악업의 생각이 사라지면 의식 내부에 자리 잡고 있는 여섯 가지 근본업에 의해서 형성되는 생각을 만나게 된다. 여섯 가지 근본업이란 욕심, 분노, 어리석음, 잘난 척, 의심, 자신의 견해 주장을 의미한다. 욕심은 소유욕을 의미하며, 분노는 화내고 불평하고 질투하는 것 등을 의미하며, 어리석음은 외면, 무시와 직면하지 않고 회피하는 것과 무관심을 의미하며, 잘난 척은 나를 끝없이 내세우며 뽐내고 싶은 것을 의미하며, 의심은 믿지 못하여 궁리하고 정신이 산란하고 결정하지 못함을 의미하며, 자신의 견해 주장은 자신의 잣대로 입장과 지식을 내세움을 의미한다.

마음에서 활동하는 생각은 기억 속에서 일어나며 표면의식에서 일어나며 부딪침에서 일어난다. 첫째는 기억 속에 남아 있는 욕심, 분노, 어리석음, 잘난 척, 의심, 자기 견해 주장의 생각과 둘째는 표면의식으로 드러나는 욕심, 분노, 어리석음, 잘난 척, 의심, 자기 견해 주장의 생각과 셋째는 현실에서 일과 대상에 부딪쳤을 때 일어나는 욕심, 분노, 어리석음, 잘난 척, 의심, 자기 견해 주장의 생각이다.

의식에서 활동하는 생각에도 그 특징이 있다. 욕심, 분노, 어리석음, 잘난 척, 의심, 자기 견해 주장의 생각은 겉으로 드러나기보다는 속으로 하는 경우가 많다. 이 경우는 속말하는 생각들을 관찰해야 한다. 그러나 표면의식으로 드러난 생각 관찰은 의식에서 활동하는 여섯 가지 근본적 업을 끊어낼 수 있으므로 관찰이 무엇보다도 중요하다. 근본업에 의한 생각을 제도하는 방법은 부정관의 명상 방법보다는 생각 그 자체를 관찰하는 것이 바람직하다. 불현듯 생각에 응대하여 불현듯 관찰하는 것이다.

근본업에 의한 생각은 축생과 인간 마음에 의해서 형성된 것이 많으므로 본능을 관찰하는 것이 바람직하며, 일상의 생활 속에서 자와 타를 분별하는 생각을 관찰하는 것이 무엇보다도 중요한다. 축생과 인간의 마음은 타(他)를 분명하게 가르기 때문이다.

다음으로 생각들 중에서는 자아의식에서 활동하는 생각들이 있다. 사량 분별의 작용이라고 할 수 있는데, 아애(我愛)·아만(我慢)·아치(我癡)·아견(我見)에서 일어나는 생각이다. 아애는 자기애의 생각에서 발견할 수 있으며, 아만은 나의 뛰어난 존재감을 표현하는 생각에서 발견할 수 있으며, 아치는 외면과 무시의 생각에서, 아견은 나의 뚜렷한 가치관과 지식적 사고에서 발견할 수 있다.

근본업에서 유발된 생각들이 어느 정도 제거되어야만, 생각이 올라올 때 자아의식이 얼마나 동반되는지 알 수 있으며, 분별의 생각이 일어나는 근본자리를 바로 알아차릴 수 있다. 이때의 생각들의 특징은 오래 지속되지 않고 사라지지만 '나'라는 인식은 항상 일어난다. 자아의식에서 일어나는 생각들을 제도하는 방법은 생각이 일어날 때마다 알아차리고, 생각의 유형과 성질을 알려고 노력하는 것이다.

자아의식에서 일어나는 생각들 저변에서는 무의식에서 활동하는 생각들이 있다.

이런 생각들은 사마타와 위빠사나를 깊게 해야 알 수 있다. 마지막으로 공업에 의해 만들어진 자연환경 속에서 일어나는 생각도 있다. 이러한 생각은 개인적 감정을 동반하지 않으며 생각의 실체와 의미가 없어서 일어나면 그대로 사라진다. 생각이 마치 느낌처럼 느껴져서 단어와 문자의 형상을 띠지 않는다. 홀연히 일어났다가 바로 사라지기 때문에 이때의 생각을 관찰하면 느낌처럼 느껴진다. 생각이 단어나 문장 또는 개념을 이루기 전에 사라지고, 알 수 없는 기억들이 느낌처럼 불현듯 나타난다. 자연에 대한 마음들이 열려서 우주세계에 대하여 깊이 성찰하게 되며, 하늘세계에 대한 생각도 불현듯 나타난다. 이때의 생각의 특징은 '나'라는 인식은 생각 속에 자리하지 않고 집착과도 관계하지 않는다. 느낌 같은 생각이 일어나는 순간에 알아차리면 느낌 같은 생각은 그 연속성을 잃는다.

무의식 속 생각을 제도하는 명상방법은 자연 명상법이 매우 유익하다. 자연은 아뢰야식 속에 잠자고 무의식 마음에 깊숙이 침투하여 늘 공기와 같은 기운을 제공하기 때문이다. 그렇기 때문에 무의식 마음은 지·수·화·풍의 자연과 관련된 사마타 명상법을 시도하는 것이 바람직하다.

본연의 물들지 않는 마음

우리는 흔히 마음이 괴롭다고 하고, 마음이 아프다고 하고, 마음이 즐겁다고 하면서 마음의 상태를 말하곤 한다. 그러나 정작 마음이 어떤 것인지는 정확히 모른다. 그러면 마음은 무엇인가? 마음은 어떤 구조를 하고 있으며, 어떤 역할을 하는 것인가?

초기불교는 마음의 작용에 대하여 여섯 가지 인식작용[六識]이라고 하였다. 그것은 현실에서 마음이 작용하는 6식(六識)을 의미하는 것이지, 인식작용을 하지 않는 깨끗한 마음을 의미하는 것은 아니었다. 마음이 포괄하는 범위는 매우 넓고 커서 우리 인식범위를 벗어나곤 한다. 감각기관으로 보고 듣고 느끼고 아는 수준을 넘어간다. 불교는 세계를 욕계·색계·무색계로 말하면서 인간의 감각기관과 인간의 인식으로 알 수 없는 세계를 말하곤 한다. 그러나 마음의 인식 범위는 인간의 감각기관으로 알 수 없는 세계를 인식할 수 있기에 그 이상의 3계의 존재를 말하고 있는 것이다. 마음의 세계도 그만큼 넓고도 크다. 그러나 정작 세계를 인식하고 알 수 있는 넓은 마음 너머에는 또 다른 마음이 있다. 3계를 벗어나는 마음이다.

또 다른 마음이란 3계의 마음도 아니고 지옥·아귀·축생·인간·수라·천으로 윤회하는 마음도 아니며, 태생·난생·습생·화생의 네 가지 삶의 존재를 택하지도 않는 마음이다. 존재의 형태로 있는 것도 아니고 하고자 하는 어떤 의욕과 욕심도 없다. 늘 우리 곁에 있지만 어떠한 작용도 하지 않는다. 부처님께서 이것을 깨달으시고 현실에서 욕심내고 화내고 외면하는 무지의 마음에서 벗어날 것을 강조하셨다. 벗어난 그 순간 물들지 않은 깨끗한 마음이 드러나기 때문이다. 이것이 자성청정심(自性清淨心)이다. 내 마음이라고 알고 있는 그 마음을 보고 또 보고, 꿰뚫어 보아야만 거짓 마음을 벗고 본래 마음을 찾기 때문이다. 본래 마음은 업과 함께 얽혀 있는 위빠사나가 아니라 업이 제거된 위빠사나에서 알 수 있다. 본래 마음과 위빠사나가 하나로 될 때 우리는 업의 굴레에서 벗어난다. 본래의 마음은 현실의 좋고 싫음에서 일어나는 생각 자체와는 전혀 관계하지 않음을 안다. 그저 객관되어 있을 뿐이다.

우리는 눈으로 보고는 그것을 마음이라고 하고, 눈으로 본 것이 좋지 않은 것이라고 여겨지면 마음이 괴롭다고 한다. 이미 이러한 패턴을 반복하여 마음 내부에 많은 사례를 저장시켜 놓았기 때문에 감정 마음들은 똑같은 상황에서 계속 괴롭다고 한다. 또는 귀로 들은 소리가 자신의 판단에 의해서 듣기 싫은 소리를 들었다고 하면 마음이 엄청 괴로워하며 그 소리를 들려준 상대를 미워한다. 코로 자신의 싫어하는 냄새를 맡기라도 하면 냄새를 피하기도 하고 냄새 나는 곳을 말끔하게 청소하기도 한다. 입으로 맛없고 상한 음식이 들어오면 당장 뱉어 버린다. 몸에 조금이라도 불편한 것이 닿게 되면 마음은 못 견디고 성화를 낸다. 이런 우리 일상에서 경험하는 불평의 상황은 진짜의 마음들이 아니기 때문에 무수하게 작용한다. 반복하는 것이다. 다섯 가지 감각기관에 붙어 있으면서 '좋다' '싫다' '이것이 무엇이다'라고 각종 언어적 작용을 하는 분별의식 또한 진짜의 마음이 아니다. 그럼에도 불구하고 우리는 다섯 가지 감각기관에서 인식하고 판단하는 마음을 진짜 내 마음으로 알고 살아간다.

부처님이 태어나신 인도라는 지역은 환경이 좋지 않았기 때문에 인간의 감각기관이 대상을 만났을 때 마음의 느낌은 그다지 유쾌하지 않았던 것 같다. 대상을 만난 감각기관이 쾌적하지 않았기에 이 세상을 즐거운 것이라고 여기지 않았다. 인생 자체가 괴로움이었던 것이다. 게다가 인생이 겪는 생·로·병·사의 상황은 더욱 불유쾌한 것이었다. 그러다 보니 마음 너머 마음을 궁금해하지 않을 수 없었다. 마음에 드는 대상을 보고 마음은 즐거워하는데 그것이 계속 유지되지 않음을 알았다. 모든 것은 변화하고 있음을 알았다. 무상한 것임을 알았다. 대상의 소리를 듣고 유쾌하거나 불쾌하게 여기는데 이 또한 계속 유지되지 않았다. 대상의 냄새를 분간하는데 이 또한 찰나일 뿐 계속 유지되지 않았다. 의식이 계속 대상을 보고 들으면서 또는 느끼면서 생각을 양산하고 있는데, 그 생각에는 뿌리도 없고 계속 되지도 않았다.

인도의 많은 성자들은 다섯 가지 감각기관이 각각의 대상을 만나서 일으키는 싫고 좋음의 감정과 수많은 생각지음이 헛것임을 알았다. 이 헛것을 자신의 마음으로 여기고 살아가기에 현실은 오답을 양산하고 오답만큼이나 무수한 윤회의 삶이 기다리고 있음을 알았다. 부처님을 비롯한 인도의 성자들은 잘못 기록된 마음에서 윤회의 삶이 계속 이어질 수밖에 없다고 보았고, 윤회하지 않는 마음, 좋고 싫음에서 벗어난 마음, 괴로움이 없는 마음, 생각이 양산되지 않는 마음이 과연 무엇일까 궁금해하였다. 그래서 발견한 것이 바로 본연의 마음이었다. 항상 가지려 하고 욕심내고 안달복달하는 마음의 저변에는 욕심과 관계하지 않는 마음이 있음을 알았다. 욕심내는 마음은 다음 윤회의 삶의 모습을 결정하지만 욕심과 관계하지 않는 마음은 늘 나와 함께 하고 있음을 알았다. 화내는 마음은 온갖 의혹과 비난의 마음을 양산하고 나와 대상을 불태우고 있는데, 그 마음을 바라보니 전혀 불길에 휩싸이지 않는 마음이 있었다. 그런데도 마음은 계속 욕심내고 화내고 있으니, 붓다는 중생심에 물든 중생들을 제도하지 않을 수 없었다.

깨달음을 추구하고 알았던 부처님을 비롯한 인도의 수많은 성자들과 중국의 선사들과 한국의 고승들은 탐(貪)·진(瞋)·치(癡) 안에 있는 탐·진·치 없음의 마음을 알았다. 탐·진·치의 마음과 탐·진·치 없음의 마음은 둘이 아니었다. 동전의 양면과 같았다. 윤회의 도정에 있는 우리 범부 중생들은 욕심이 일어나는 것이 욕심 없음과 함께 있음을 모르고 살아간다. 그러나 욕심의 마음에는 반드시 욕심 없음의 마음과 함께 한다. 구름 속에는 반드시 맑은 하늘이 함께 있는 이치와 같다. 화내는 마음에는 반드시 화내지 않는 마음이 함께 한다. 불길 속에 늘 불에 타지 않는 허공이 함께 있는 이치와 같다. 단단한 무지의 마음에는 반드시 지혜의 마음이 함께 한다. 어두움 속에 밝은 빛이 함께 있는 이치와 같다.

우리의 본연의 마음을 불교에서는 불성(佛性)이라고 하고 여래장(如來藏)이라고 한다. 우리 중생은 누구나 원래 깨달음의 본래 마음을 지니고 있기 때문에 불성을 갖고 있다고 한다. 깨닫지 못한 무지한 삶 속에 깨달음의 마음이 함께 하기 때문이다. 또한 중생은 깨달음의 종자를 늘 품고 있기 때문에 여래를 품고 있다고 하여 여래장이라고 한다. 우리는 이미 깨달은 상태의 마음을 지니고 있다. 이 마음이 우리 진짜의 마음이며 우리 본래의 성품이다. 우리는 이미 완성된 성불의 경지를 품고 있다. 허공과 같이 태양과 같이 심해의 바다와 같이.

그래서 우리는 헛된 망상으로 물든·마음의 분별을 보아야 하는 것이다. 망상 속에는 망상에 물들지 않는 그대로의 마음이 있기 때문이다. 우리는 싫고 좋음의 분명한 감정들을 보아야 한다. 싫고 좋음, 거짓 감정 속에는 흔들리지 않는 감정이 있다. 감정 아닌 청정한 마음 그대로가 있다. 감정에 물들지 않고 고요한 상태의 마음이 공간과 시간을 놓은 채로 실체 없이 있다. 본연의 마음이다. 생각 속에 생각을 전혀 하지 않는 마음이 있다. 행동 속에 행동하지 않는 마음이 있다. 욕심 속에 욕심 없음의 마음, 화냄 속에 무에(無恚)의 마음, 무지 속에 지혜가 있음을 알 때, 세상은 그대로 인정될 수밖에 없는 것이다. 나를 내려놓은 순간 대상은 나의 허공의 마음으로 들어온다. 아공(我空)이 법공(法空)으로 진입하는 것이다.

명상 수행자는 현실을 버리는 것도 현실을 떠나는 것도 아니다. 현실이 현실이 아니기 때문이다. 그러면 명상 수행자는 무엇을 닦아야 하는가? 나에서 일어나는 헛됨을 계속 바라보고 내려놓으면서 대상을 그대로 수용하는 것이다. 나의 존재감과 나의 감정과 나의 생각과 나의 행동이 계속 유지되면 너는 수용되지 않기 때문이다. 수행 용어에 회광반조(回光反照)라는 말이 있다. 나의 감각기관과 의식에 일어나는 좋고 싫음과 생각을 내려놓고 내려놓은 자리의 마음에 바로 있는 지혜의 마음을 보라는 의미이다. 잣대를 외부에 돌리지 말고 잣대를 일으킨 내 마음을 보라는 말이다. 일어난 마음 그 자리에, 외부로 향하는 그 마음 그 자리에, 공의 마음도 역역하고 무아의 자리도 역역하고 지혜의 빛도 역역하다. 본래 마음만 있을 뿐이다. 말을 떠난다.

불교 명상 입문

초판 1쇄 발행 2021년 2월 26일

지은이 강명희

펴낸이 오세룡
기획·편집 김영미 유나리 박성화 손미숙 김정은
취재·기획 최은영 곽은영 김희재
디자인 김경년(dalppa@naver.com)
고혜정 김효선 장혜정
홍보·마케팅 이주하

펴낸곳 담앤북스
주소 서울특별시 종로구 새문안로3길 23 경희궁의 아침 4단지 805호
대표전화 02)765-1251
전송 02)764-1251
전자우편 damnbooks@hanmail.net
출판등록 제300-2011-115호

ISBN 979-11-6201-276-5 (93220)

· 이 책은 저작권법에 따라 보호받는 저작물이므로 무단 전재와 복제를 금합니다.
· 이 책 내용의 전부 또는 일부를 이용하려면 반드시 저작권자와 담앤북스의 서면 동의를 받아야 합니다.

정가 14,500원